Rocard, l'enchanteur désenchanté

Jean-Michel Djian

ROCARD, L'ENCHANTEUR DÉSENCHANTÉ

le cherche midi

Vous pouvez consulter notre catalogue général
et l'annonce de nos prochaines parutions sur notre site :
www.cherche-midi.com

92, avenue de France
75013 Paris

Conception graphique : Justine Dupré
Composition : Facompo
Dépôt légal : mai 2023
ISBN 978-2-7491-7758-8

« En ma qualité de citoyen (discret) du village de Monticello, je suis allé le saluer une dernière fois au cimetière en mars 2017 car j'aimais bien Rocard. Tout le monde savait qu'il voulait reposer ici en Balagne. "J'irai dormir en Corse", avait-il même écrit… Et puis il y avait François Hollande, encore président de la République. Généralement la politique m'emmerde mais là c'était le copain du village (sa femme Sylvie est de Monticello) qui, ces dernières années, venait fumer des cigares chez moi, boire un coup et parler à haut débit des choses de la vie. C'était toujours brillant. Je ne comprenais pas tout, mais ça me rendait intelligent. Alors, au pied de la stèle dessinée par son ami Soulages, et pour rompre l'ambiance mortifère qui planait sur cette cérémonie intime, vers midi, après que le maire Hyacinthe Mattei eut prononcé les mots d'usage, j'ai dit tout fort de ma voix reconnaissable entre toutes : "Un Rocard sinon rien." Évidemment ça jette un froid, mais c'était ce que je pouvais exprimer de mieux après la disparition d'un type aussi rare. »

Propos de Jacques Dutronc recueillis par l'auteur à son domicile corse le 7 février 2022.

*« Il devient urgent de réintroduire du rêve
et de l'enchantement dans un monde
qui se meurt d'être trop rationalisé... »*

Suicide de l'Occident, suicide de l'humanité ?, février 2015

... Que ne l'avait-il fait plus tôt au Plan, à l'Agriculture ou à Matignon, à une époque où les « bourreaucrates » de Rivoli puis de Bercy lui sapaient en douce ses propres rêves ; lorsque dans les années 1990 ses alliés socialistes majoritaires faisaient du désenchantement un courant à part entière du parti.

Mais malgré tout l'enchanteur, c'était Michel Rocard, et il avait déjà beaucoup donné.

En incarnant d'abord une idée noble, généreuse et engagée de la politique ; plus encore quand, d'un coup de manivelle, son verbe se mettait à ronronner, puis à embraser les cerveaux jusqu'à faire grimper aux rideaux n'importe quel encarté de droite ou de gauche. Cependant, malgré l'infini respect que sa génération comme les suivantes lui vouent, son fantôme gît toujours dans la mauvaise conscience des gauches. Comme si ce chantre de l'économie sociale, ce penseur éclairé de la décentralisation, ce protecteur inquiet de l'environnement avait eu raison avant ses camarades au point de les énerver ; comme s'il avait entravé le grand récit socialiste. Par quelle injustice alors sa pensée survit-elle moins que sa caricature, qu'entrés en scène au mitan du siècle dernier ses épigones l'escamotent ? Mystère et boule de gomme.

En revanche tout le monde se souvient de son verbe agité. En particulier dans ces congrès du Parti socialiste de la fin des années 1970 où les chefs de courant alphabétiques mouillaient leur chemise. Rocard, qui avait endossé la lettre C, n'était pas le dernier à se déboutonner quant à la faveur d'une ingrate actualité il lui fallait opérer au débotté une série de saltos arrière pour expliquer à des militants migraineux les vertus communautaires des montants compensatoires monétaires. Dans des salles pourtant tout ouïe, il fallait voir la tête des hauts gradés de la mitterrandie chercher des oreilles complices pour susurrer à leur camarade de proximité : « Tu comprends ce qu'il dit ? »

À mille lieues d'admettre que les socialistes ne pouvaient pas (tout) comprendre, l'imperturbable Rocard continuait de mener son petit monde par le bout des oreilles, déposant par sédimentation successive de quoi féconder une doctrine, persécutant au passage tous les dogmes qui empêchent de *penser vrai.* Suffisant pour marquer des esprits en appétit et engranger de la sympathie, beaucoup de sympathie.

À la différence des autres cadors du socialisme hexagonal qui s'échinaient à trouver le bon mot, lui, le fils maudit du père de la bombe atomique, est resté habité par la pédagogie des Lumières. Il se plaît à expliquer, démontrer, éclairer toujours un peu plus loin et plus haut que les autres, voire à exciter les idéologues les plus imperméables à l'introspection. Certes son intelligence agace, son exubérance irrite, son sourire mécanique exaspère, mais sa sincérité est si fiévreuse, si contagieuse qu'elle finit toujours par vaincre la circonspection ambiante.

Les socialistes n'ont en revanche fait aucun zèle pour lui trouver sa juste place. Ils ont préféré le laisser fructifier *à part.* Alors ici on suppute, on jauge, là on feint de croire que le bonhomme devait nous cacher des choses. En réalité, et avant que l'Histoire ne fasse son boulot, c'est le remords qui fait son œuvre, tire les bons fils, dénoue la pelote, tricote sa vérité ; c'est lui qui, mine de rien, est en train de nous renvoyer en pleine figure notre désespérante couardise.

Sept ans après sa disparition, et alors que ses explications lumineuses du chaos climatique, culturel, économique et social le renvoient fréquemment à son spectre, Michel Rocard continue, d'en haut, d'agiter ses semblables avec des mots qu'il a laissés. Comment ne pas imaginer après ça que sa légende nous glisse entre les doigts ?

Toujours est-il qu'au lendemain de la Libération l'apparition en pleine transe gaullienne de ce gauchiste éclairé reste, pour les héritiers revendiqués de Blum et Jaurès, un accident de l'Histoire. Sans guerre coloniale, sans l'Indochine et l'Algérie, il n'y aurait eu ni de Mendès, ni de Rocard. Et encore moins de bonnes âmes pressées de soulever, comme ce dernier l'a fait, la cause pressante de l'universalisme. Pour les autres, Rocard c'est le surgissement d'un évangélisateur protestant venu prédire à la communauté des vivants le meilleur *ou* le pire.

Tandis que la Ve République post-gaulliste s'honore de posséder des institutions irréprochables, la figure autogestionnaire des Trente Glorieuses joue les Cassandre en prédisant que « le chômage n'est pas seulement une variable structurelle d'ajustement du capitalisme prédateur mais une plaie pour nos sociétés démocratiques », que « notre modèle productiviste occidental est à terme incompatible avec la survie de la planète ». À part quelques intellos de la gauche non-communiste comme Jean Daniel, James Lovelock, Edgar Morin, André Gorz, Patrick Viveret ou Pierre Rosanvallon, toute la section française de l'internationale ouvrière de la fin des années 1960 considérait la question économique et environnementale comme un sous-ensemble inoffensif des échanges marchands d'un côté, de l'écologie politique de l'autre.

Pourtant il s'en est fallu d'un cheveu qu'une gauche écologiste ne surgisse des décombres de Mai 68. Rocard était leader du PSU, candidat à la présidentielle de 1969, et le « Club de Rome », très influent dans les sphères économiques internationales, laissait entendre une petite musique qui sonnait bien aux oreilles de la gauche chrétienne. Et c'est Ivan Illich, une tête d'œuf autrichienne issue du clergé romain, qui la compose. Elle est symphonique, ensorcelante, quasi wagnérienne. Rocard la fait sienne, mais en catimini. Nous sommes toujours en 1969. Cette année-là,

Robert Buron, l'un des fondateurs du Mouvement républicain populaire (MRP), et Jacques Robin, médecin humaniste et militant de Socialisme et Liberté, fondent tous deux le Groupe des dix, un cercle prisé de cette « deuxième gauche » qui rassemble des pointures en sciences humaines, sociales et exactes. Edgar Morin en était également. La pensée d'Illich y est déjà très présente depuis la sortie des premiers pamphlets de ce théologien rebelle, en particulier *Libérer l'avenir*, *Une société sans école* et *La Convivialité*. Mais la publication au Seuil en 1975 de *De la croissance économique au développement humain* de Jacques Robin et surtout de *Némésis médicale* d'Illich change la donne. Sous la recommandation insistante de Pierre Rosanvallon et Patrick Viveret, fondateurs de la revue *Faire*, Michel Rocard, qui en est membre, lit les deux ouvrages. Il est fasciné par la vision éclairante de l'anarcho-écolo désormais installé à Cuernavaca au Mexique où il déploie une philosophie politique à contre-courant des enseignements universitaires en vigueur en Occident. Pour Alexeï Tabet, qui lui a consacré un mémoire universitaire, *La Pensée d'Ivan Illich en France*, « c'est à ce moment-là que s'engage le tournant illichien de Rocard ». Mais c'est surtout *Le Chômage créateur* puis *Le Travail fantôme* du même Illich désormais incontournable sur la scène de la pensée radicale qui provoquent le déclic final. Rocard s'en souvient très bien, il le raconte à Tabet :

> Ses réflexions déquantifiantes, démonétarisantes sur le problème du salariat ont marqué mon esprit. Illich importait en France une pensée qu'un socialisme généreux et non-marxiste peut capter et mettre en forme pour donner un contenu à la social-démocratie.

Lors d'un discours prononcé à Bourg-sur-Gironde le 28 octobre 1978, on retrouve dans les propos du futur Premier ministre de François Mitterrand une authentique verve illichienne. Qu'on en juge :

> À un moment où le système marchand a bâti, à partir du temps libre, un gigantesque marché, où des produits de plus en plus sophistiqués apparaissent : ski d'été sur les glaciers, voyages d'hiver sous les tropiques… l'action

de l'homme politique doit viser la modification profonde du rythme de vie quotidien.

Ses convictions sont si fortes que Rocard n'hésite pas à confier au journaliste Alain Woodrow du *Monde* avoir plus de facilité « à discuter de ces choses-là avec des artisans corses qu'avec l'élite de la gauche intellectuelle ». Pour autant, la porosité entre le corpus politique d'Illich et l'autogestion rocardienne reste laborieuse : la doxa sociale-démocrate est bien partie pour s'installer sur une orbite bien plus environnementale qu'écologiste. La gauche productiviste est rassurée, l'heure n'est pas encore venue de la contrarier.

Il est toutefois trop tard pour rembobiner le film, caresser l'oracle dans le sens du poil, trop tard aussi pour comprendre où Rocard voulait en venir. Il y a une bonne raison toutefois : dans les années 1970, cette gauche productiviste, tout enflée de ses certitudes, était suffisamment majoritaire pour être pressée d'en finir avec la droite conservatrice. Elle avait donc décidé d'aller au plus simple : gagner des élections, ce qui fut fait en 1981. Entre-temps, PS, PC et PRG se mirent en 1972 autour d'une table pour bâtir un programme commun, ratèrent de peu la victoire à la présidentielle de 1974, firent une démonstration de force aux municipales de 1977 pour finalement s'asseoir enfin côte à côte quatre ans plus tard à la table du premier Conseil des ministres présidé par François Mitterrand.

Durant ce marathon infernal entamé au lendemain du congrès d'Épinay de 1971, les plus stratèges vont consacrer l'essentiel de leur temps à s'épier, se renifler et jouer des coudes. Rocard n'en est pas et le paya comptant. Il fallut attendre 1974 pour que le chouchou des sondages se résolve à sauter le pas, prenne sa carte au PS, puis crée comme il se doit son courant, mais en le remontant comme un saumon. L'épilogue eut lieu au congrès de Metz ce jour maudit du 8 avril 1979 lorsque l'inspirateur de la deuxième gauche tente d'avaler la première. Devant 3 000 militants chauffés à blanc, Rocard défie François Mitterrand en annonçant le retrait de sa probable candidature à la future élection présidentielle de 1981 si d'aventure le premier secrétaire du PS décidait d'y aller.

Erreur fatale.

Le supplice chinois commence alors pour celui qui ne doute pas de son étoile mais qui pourtant annonce dans les pires conditions qui soient ses intentions de sa bonne ville de Conflans-Sainte-Honorine. On connaît la suite : tel un sphinx hollywoodien Mitterrand se déclare sans (presque) avoir à bouger les lèvres. Rocard tient sa promesse, se retire et fait allégeance.

Il n'y avait pas pire scénario pour, à ce moment-là, évincer du premier blockbuster politique hexagonal un *putschiste* au meilleur de sa forme.

L'Histoire vient de passer.

À l'instar de Mendès France son mentor, l'ex-patron du PSU aura donc trouvé sur sa route un rescapé de la IVe République plus habile et plus fort que lui, un type en tout point son contraire et qui ne cessera sur le plan tactique de le dominer de bout en bout.

Entre 1981 et 1991, Mitterrand aura dans un premier temps adroitement rangé Rocard dans un placard avant que dans un second, bon prince, il ne le ressorte pour son second septennat, ce qui satisfit à la fois les Français et l'intéressé.

Le populaire minoritaire aura donc joué les utilitaires, d'abord dans l'ombre des ministères (au Plan puis à l'Agriculture) et ensuite sous les projecteurs de Matignon auréolé d'un bilan et d'une popularité qui, aujourd'hui encore, continuent de faire jaser.

Le philosophe Edgar Morin, qui le fréquenta dans les arrière-cours du PSU, dira de Rocard qu'il fut à cette époque matignonnesque semblable à « un bourgeon printanier précoce, très prometteur mais victime d'un regel brutal ». On se demande encore pourquoi ces deux figures contemporaines de la pensée et de la politique se sont contentées ensemble de batifoler sur les cimes intellectuelles de la social-démocratie. Morin est resté un génial et discret fournisseur d'idées écologiques et sociales, tandis que Rocard, le nez dans le guidon, n'a jamais trouvé dans l'exercice même du pouvoir l'espace nécessaire pour remettre le couvert autour d'un grand projet humaniste post-mitterrandien. L'attelage s'arrêta net au pied de Matignon.

En revanche, bien plus tard, à l'heure où les militants issus du congrès d'Épinay se mirent à cultiver sans complexe leur embourgeoisement ou prirent leur retraite méritée de socialistes dégagés, l'ancien Premier ministre avait décidé de jouer solo les Molière de la politique. Le voilà en train de courir les estrades, faire dix fois le tour du monde pour semer la bonne parole, vanter la social-démocratie au cœur de l'Union européenne, remettre l'Afrique, l'Arctique et l'Antarctique au goût du jour, jouer les petits télégraphistes pour le compte des puissants, publier à tour de bras. Malgré une maladie pulmonaire pénalisante et des accidents vasculaires à répétition, il défie le temps, l'usure et son cerveau en repoussant son dernier soupir à 85 ans. Entre-temps, il jouira du plaisir non dissimulé d'avoir eu à occuper la scène.

Michel Rocard avait en effet considéré que la somme des gadins politiques et sentimentaux qu'il s'était pris depuis la guerre jusqu'à la débandade du socialisme hexagonal des années 1990 méritait bien qu'on lui foute la paix.

Carpe diem.

En 1994 il vient d'avoir 64 ans et décide alors ce qu'il n'avait jamais osé entreprendre : changer de vie.

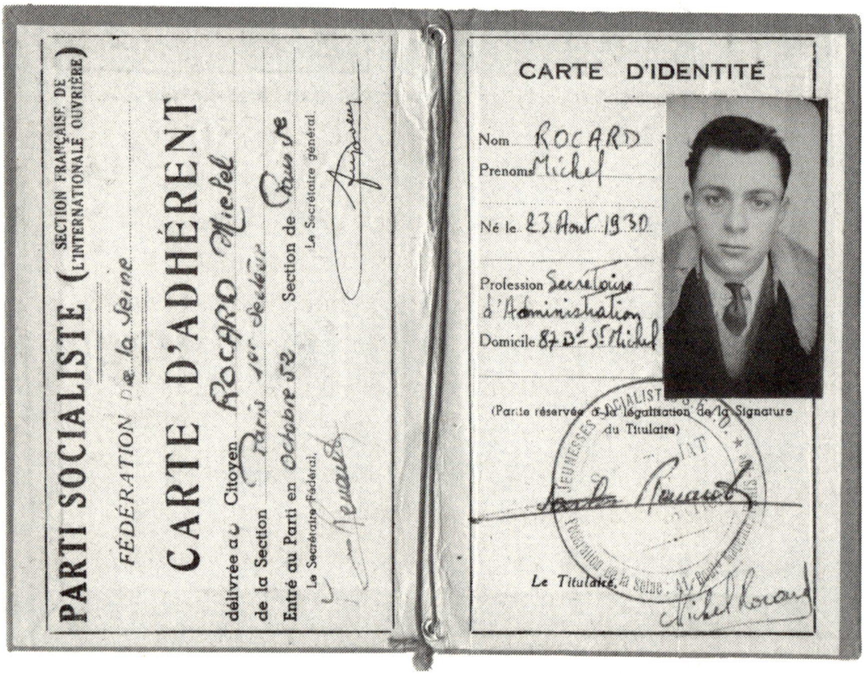

PARTI SOCIALISTE (SECTION FRANÇAISE DE L'INTERNATIONALE OUVRIÈRE)

FÉDÉRATION de la Seine

CARTE D'ADHÉRENT

délivrée au Citoyen ROCARD Michel

de la Section Paris 1er secteur

Entré au Parti en Octobre 52 Section de Paris 5e

Le Secrétaire fédéral,

Le Secrétaire général

CARTE D'IDENTITÉ

Nom ROCARD

Prenoms Michel

Né le 23 Août 1930

Profession Secrétaire d'Administration

Domicile 87 Bd St Michel

(Partie réservée à la légalisation de la Signature du Titulaire)

Le Titulaire

Le fugace premier secrétaire démissionnaire du PS, meurtri d'avoir été évincé par sa famille politique en participant à la faire échouer cette même année aux élections européennes, s'enflamme comme un adolescent fiévreux pour Sylvie, devenue officiellement « la femme de sa vie » en 2002. L'amoureux transi s'entichera au passage de ses trente chiens et chats, trop contents de trouver là une autre bête, plus politique celle-là, mais capable en un rien de temps d'appeler par leurs prénoms la totalité de ses nouveaux amis animaliers. Le voilà comblé en amour et en amitié pour attaquer en beauté ce XXIe siècle qui, déjà, lui file de l'urticaire.

C'est la dernière ligne droite de sa longue vie. Celle où il prend pour argent comptant les hochets républicains dont Sarkozy et Hollande l'affublent.

C'est l'époque où la superficialité des idées gagne partout du terrain, où les effets d'annonce constituent la colonne vertébrale centrale de toute gouvernance. Mais c'est aussi, comme par hasard, le moment où la griffe Rocard se met à prendre de la valeur. Qu'ils soient de droite ou de gauche, en manque d'épaisseur électorale ou pétris d'assurance politique, ministres et parlementaires sont en émoi devant une intelligence aussi pragmatique. Elle les vaccine contre l'ignorance et le confinement partisan. L'ancien Premier ministre de François Mitterrand le perçoit, croit même son heure (re)venue. Missions, consultations, rapports et sollicitations se succèdent mais la légende vivante va tout de même très vite comprendre qu'elle n'est qu'un trophée, pas une prise de guerre.

Le pouvoir passe alors son temps à se nicher dans les détails.

« Veuillez patienter encore quelques instants, monsieur le Premier ministre, dit l'huissier de l'Élysée gêné, le président de la République va vous recevoir. » Après qu'il le soit, puis écouté avec la gravité qui sied à la qualité des sujets traités, que l'entretien se termine sur le désormais rituel « On réfléchit, OK ? », il s'empresse de serrer la main de son hôte, rejoint au pas de course sa Peugeot garée dans la cour, et se met à phosphorer. Au fond, sans l'air d'y toucher, l'inspecteur général des finances désormais honoraire commence à comprendre que cette nouvelle génération de technocrates entourant Chirac, Sarkozy puis Hollande n'est pas prête à faire en sorte que leur patron respectif « renverse la table ». Pis, elle s'accommode d'une gouvernance politique qui feint de « changer la vie », mais point trop n'en faut. Alors, sur l'école, la santé, l'environnement, l'Iran, la dette, il s'agace, tempête, rabroue les plus arrogants. Sa fébrilité chatoyante n'arrive pas à gommer cette morgue du vétéran.

« Brillant mais trop compliqué, trop technique, trop chiant », répète-t-on sous cape après que des têtes bien faites de la haute administration ont lu les conclusions des rapports sur le grand emprunt national ou la fonte programmée de la calotte glaciaire.

Les temps ont changé depuis que les tableaux Excel ont remplacé l'éloquence et la nuance ; que les chiffres ont contaminé les processus de décisions ; que le principe de précaution fait office de tranquillisant. Au sommet de l'État on pense désormais en mode binaire : tout doit être simple, concis, succinct. Rationnel, nous y voilà. À bas la complexité. Renverser la table ? Mais vous n'y pensez pas.

Cassandre alors se réveille pour vitupérer.

À l'entame de sa nouvelle vie et après avoir habité corps et âme la République pendant plus d'un demi-siècle, le député européen qu'il est devenu 14 ans et 6 mois (faute de mieux, quoi qu'il en dise) pensait sincèrement se donner le beau rôle. Celui d'un Clint Eastwood de la politique capable lors de sa réélection en 2004 à 75 ans de remettre un jeton dans la machine. C'est un indécrottable idéaliste, hyperactif et turbulent qui s'imagine encore pouvoir changer le monde à coups de diagnostics et de préconisations. On dirait que le bonhomme ne comprend pas, ou ne veut pas comprendre, que l'appareil d'État est perclus de douleur, lent, atone, précieux ; que tout s'est embroussaillé, bureaucratisé, paupérisé à l'extrême, que la moindre décision à prendre en son sein équivaut à grimper l'Everest chaque matin et, pis encore, sans aucun espoir d'y planter un drapeau. Que son pote Chirac avec lequel il a pourtant partagé les bancs de l'ENA avait déjà plié les gaules sitôt installé au Palais en 1995.

L'ancien chef du gouvernement de François Mitterrand se souvenait-il qu'en février 1989, la fleur au fusil et le sourire en banane, il avait entrepris de rénover de fond en comble le service public de l'État ? Vingt ans plus tard le voilà sûrement en train de ronger son frein de n'avoir pas été singulièrement plus culotté.

Pour l'heure, niché dans ses Yvelines qu'avec Sylvie ils ont adoptées, Michel Rocard reste fidèle à sa plume, cet instrument léger qui permet de fixer sur du papier ce qui ressemble à une pensée. Trop tard pour faire de l'ordinateur le bras armé de son cervelet, jouer les modernes. En 2000 il a 70 ans et préfère raturer à la main, corriger cent fois ses mots, et en bon marin laisser ses yeux caboter entre des paragraphes inaboutis et des marges à remplir.

En réalité quand il écrit il parle, fait de la politique avec un stylo à bille, mais l'Augure oublie que les nouvelles générations à qui il s'adresse n'en font plus, de la politique. Elles gèrent, pensent au présent, swinguent sur un écran, et surtout préfèrent infiniment ce satané principe de précaution à celui de la révolution. Alors à quoi bon trouver les bons mots pour proposer un bon choix, chercher à convaincre de l'intérêt supérieur de l'humanité au détriment de celui de son pays, si au bout du compte les destinataires de ses redoutables rapports vont sournoisement s'employer à réduire en chiffres son équation politique.

C'est ce qui se passe. Alors, le plus chevaleresque des redresseurs de torts de la Ve République va jouer des coudes pour se transformer de nouveau en petit télégraphiste, rappeler lui-même pour obtenir d'une secrétaire un accusé de réception, prendre date si nécessaire pour un autre rendez-vous, en rajouter une couche sur l'urgence. Sous des faux airs de gourou, Michel Rocard peut être fatigant d'insistance en se transformant tour à tour en lanceur d'alerte, en Don Quichotte ou en Tintin alors qu'il est avant tout un harceleur de la meilleure espèce, un teigneux irréductible capable de donner des sueurs froides à un banc entier d'Esquimaux. En revanche son principe de précaution à lui vaut toutes les indulgences : il sait mettre les formes et déployer les égards nécessaires avant de *parler vrai*.

Ses brouillons de lettres, ses courriers mi-officiels, mi-amicaux, tous ces messages accumulés dans les centaines de pages de ses cahiers de secrétariat en témoignent : l'intéressé ne s'est jamais résolu à réduire en cendres tout ce que ses écrits peuvent aujourd'hui dire de sa bile et de sa vérité. Au fond le meilleur moyen de mesurer l'opiniâtreté du combat de cet homme pour nous sauver de la catastrophe est de saisir à froid sur un temps long cette masse de mots qui continuent de parler à sa place. Un temps long qui commence en pointillé dans ses carnets de scout quand il avait 15 ans pour en beauté s'achever à 85 sous la forme d'une élégie testamentaire datée de 2014 et qu'il intitulera de la manière la plus lyrique qui soit « J'irai dormir en Corse ».

« Camarades, c'est bien de vouloir changer le monde. Mais vous n'y arriverez que si vous commencez à travailler comme des forcenés à longueur de vie pour comprendre comment il marche. »

États généraux des socialistes, novembre 2014

Pour mesurer l'épaisseur de son amertume à l'orée du XXIe siècle, il suffit de le voir ferrailler dans l'entre-soi.

Ici, il s'agit d'une lettre manuscrite destinée à François Hollande, chef de l'État en exercice.

Marri des effets désastreux de la publication d'une interview qu'il accorde au *Point* en 2014, Michel Rocard s'emploie, dès le lendemain matin, à justifier les raisons qui l'ont conduit à fustiger l'irresponsabilité générale de la classe politico-médiatique en activité. De son gouvernement en particulier.

L'en-tête du papier, déjà, inspire un doute : *Hôtel Dollenberg, 77740 Bad Peterstal-Griesbach im Schwarzwald Germany.* D'où parle-t-il ? Peu importe, son habitude de glaner partout des feuilles blanches estampillées pour griffonner ses ébauches suffit à l'explication. Sur le brouillon est indiqué en haut à droite « C'est pour archives, classer perso ». S'ensuit une écriture dense, sans fautes d'orthographe mais truffée de rectifications et de ratures. Tout semble crispé, sauf sa patte reconnaissable parmi tant d'autres. Elle est mouchetée, comme abîmée par une main diminuée, mais elle est claire et stylée. L'ancien Premier ministre écrit, ici, de préférence avec sa tête plutôt qu'avec ses doigts. La mise en page graphique est immuable, organisée au cordeau : chaque retour à la ligne démarre quelques millimètres à droite en dessous du précédent, si bien que la page achevée libère dans sa partie inférieure gauche un espace blanc formant un triangle isocèle. C'est une caractéristique du manuscrit rocardien : les mots accouchent directement d'une matrice mentale fonctionnant à plein régime et qui fond en biais sur du papier. Tel un entonnoir rempli des lettres de l'alphabet qui n'en finissent pas de s'égoutter.

Rocard est à l'écriture politique ce que Proust fut à la production littéraire, une sorte de vache à lait du français ciselé. Ou alambiqué, c'est selon.

Après avoir expliqué laborieusement à « son cher François » qu'il a voulu « user du pouvoir explicatif des différences entre nos familles d'esprit pour dire le présent », l'alambic Rocard y va de son couplet victimaire pour mettre le vainqueur de la présidentielle en position inconfortable :

> Il reste que la grande maîtrise du moment, de l'instant de la quotidienneté qui fait gagner s'accompagne d'une moindre sensibilité au temps long.

Il ajoute dans la marge :

> La priorité absolue à l'évènement et le besoin de résultats immédiats contribuent à empêcher que l'on prenne et cumule le temps de la réflexion, le temps de la préparation attentive à l'action et le temps d'attente de résultats progressifs. Nous étions, moi et mes amis, de bons gestionnaires et de mauvais candidats. Dans ta famille à toi, celle de François Mitterrand, ça confine à l'inverse.

Soixante et onze ans après s'être encarté à la SFIO, pourquoi lui faut-il toujours faire la leçon, redire autrement ce que son destinataire sait mais qu'il n'a pas ou plus envie d'entendre ? Pour se soulager pardi, une obsession ; mais surtout laisser sa vérité envahir toutes les mauvaises consciences politiques qui arpentent les couloirs du pouvoir. À moins que ce si bel esprit ne craigne à ce point le vide que de le remplir d'encre bleue suffise, aux deux sens du terme, à le combler.

Son tic le plus récurrent ? Donner du grain à moudre, le plus fin possible.

Sur trois feuilles volantes, on le voit produire des éclairs de pensée avec un Bic, ce stylographe qui lui sert de paratonnerre quand son cerveau se met à délirer ; il laisse alors choir la bille, tâtonne à portée de main sur son bureau pour récupérer fébrilement de quoi tapisser ses poumons de goudron, balance quelques bouffées en direction du plafond, puis se remet à la tâche pour égrener son chapelet de contritions, s'excuser mille fois de tout et de rien. Et quand il arrive à température, lâcher le morceau. Un 5 mai 2014 à Manuel Valls, tout nouveau Premier ministre rocardien de François Hollande :

> Si sa majesté Lionel Jospin tient à avoir l'honneur d'être reçu par toi avant que je ne le

> sois, qu'il y aille grand Dieu. [...] Je n'ai rien à foutre d'une reconnaissance de dignité et je n'ai en rien songé à te demander l'aumône d'une audience. Et dans ces conditions je ne t'en demande plus [...]. Au diable la politique politicienne, ses pièges et ses prestiges !

Du Rocard dans le texte, au moment pile où, trop fatigué sûrement, son *surmoi* tombe en rideau. Mais quand son *moi* reprend le contrôle, c'est pour assassiner les premières décisions de l'exécutif sur sa politique économique. Il diligente pourtant le meilleur de sa matière grise, de sa mémoire vive, de ses idées géniales, de sa générosité en veux-tu en voilà, mais le meilleur passeur de la gauche en activité supporte difficilement d'être sur le banc de touche, alors il semonce.

Quelques paragraphes plus loin – la lettre fait tout de même cinq pages – c'est l'ombre portée d'un octogénaire qui surgit bille en tête pour lister dans les moindres détails tout ce que le néorocardien adoubé de 52 ans, tout juste nommé à Matignon un quart de siècle après son mentor, va devoir entreprendre. Florilège.

À ma connaissance (mais c'est à toi de vérifier) le fonds de réserve pour les retraites créé par Jospin est fort aujourd'hui de 34 milliards d'euros. On me dit qu'ils dorment sous forme d'obligations d'État. Il n'y a aucune raison que ces milliards ne soient pas affectés à la rénovation des 12 millions d'habitations dont est composé notre patrimoine immobilier. Le mécanisme n'est pas sorcier à monter : tant de charpentes à étanchéifier en laine de verre, tant de vitrages à doubler, cela fait beaucoup d'emplois et pour longtemps et cela réduit nos émissions de CO_2 [...]. Profites-en pour soulager les PME qui refusent de grandir quand elles découvrent qu'en dépassant le fameux seuil de 49 salariés ça les oblige, certes à créer un comité d'entreprise, mais surtout à devoir remplir et acheminer 73 formulaires par mois ! C'est un comptable à plein temps qu'il faut. Qu'est-ce qui t'empêche de relever le seuil de 49 si cette décision permet à ces forces vives de créer de la croissance et de l'emploi ? C'est visible, simple et à effet rapide.

Tout paraît si simple en effet quand on n'est plus aux manettes. Que ne l'a-t-il fait là non plus quand il les avait ? Mystère et dépit.

On est surpris en revanche quand, dans cette même correspondance, il suggère à Valls de recevoir « au plus vite » un certain Jean-Luc Baradat, petit entrepreneur anonyme et « sans entregent » du Finistère. Ce garçon rencontré par hasard à Brest quelques mois plus tôt a inventé le « compte CO_2 », un logiciel capable de traiter des dizaines de millions de comptes distincts pour gérer individuellement, et en temps réel, la transition écologique. « Tu passes, explique-t-il à Valls, d'une voiture à essence à une hybride ou électrique et tu reçois ton quota de CO_2 ; *idem* si tu doubles tes vitrages ou tu mets de la laine de verre dans tes charpentes, et même paye tes impôts ! »

Le type en question ne sait rien de la publicité que Rocard lui fait. Pourtant ce dernier l'introduit auprès de Delphine Batho, la ministre concernée, qui s'empresse de le faire recevoir par un conseiller qui lui-même sous-traite l'affaire à un chef de bureau. Averti par son protégé que rien ne bouge Rocard s'énerve, alerte Bernard Cazeneuve au Budget, qui « tout de suite prend la mesure de l'innovation » et met aussitôt son conseiller fiscal, un certain Brédillon, sur l'affaire. Il lui demande de « rédiger rapidement une fiscalité générale du système ».

Et s'il raconte toute cette histoire au nouveau Premier ministre, c'est évidemment pour qu'il ne lâche pas l'affaire. Malheureusement, entre-temps, Cazeneuve est passé à l'Intérieur.

Il va encore falloir tout recommencer.

Alors, pour emporter le morceau, Michel Rocard ne suggère rien de moins que de faire de ce projet breton un évènement phare de la COP21, rappelant au passage qu'il en est lui-même son accoucheur, ce qui est vrai. N'a-t-il pas été en 1989 le primo-initiateur de la déclaration visionnaire de La Haye invitant 24 pays à s'engager dans la protection de la planète[1] ? Oublié.

Maintenant à court d'arguments et probablement un peu contrarié d'avoir eu à rentrer à ce point dans les détails, il termine sa missive :

---

1. « Le postulat de l'école classique selon lequel la nature est inépuisable apparaîtra aux yeux de l'histoire comme une des plus grandes aberrations de ces deux derniers siècles. », in *L'Inflation au cœur*, Gallimard, 1975.

> Voilà tu sais tout. Mais si l'on veut réussir, il y a le feu. Convoque toi-même Baradat, tu as son mail, ça va l'électriser, et monte une cellule administrative de première force. Tu me mets dans le coup si tu veux. Pour le reste, le temps de travail par exemple, je t'épargne mes conseils. Ça sent trop le Larrouturou à une époque où les effets de signature ont remplacé la réflexion réelle.

On n'en saura pas plus. Si, sur le sujet qui lui tient le plus à cœur mais qui vise son patron :

> La présidence Hollande se débrouille très mal avec l'écologie.

Et paf. Et il conclut ainsi :

> Cher Manuel, bonne chance. Ce sera dur. Dans ce système protocolo-politiciennement pourri [*sic*] je ne t'appellerai plus... Mais s'il y a le feu quelque part ou une occasion à ne pas rater, là, je t'appellerai. Tu comprendras. Crois à ma très fidèle amitié.

Jean-Michel Djian

Désenchantement quand tu nous tiens ! Il y a là un peu plus que du *parler vrai* : l'apparition d'un idiolecte rocardien assassin, capable en trois mots venimeux de flinguer la fin d'une époque, la sienne.

Venons-en à présent aux sources apparentes du mal, à ses parents, « à sa tribu de petite bourgeoisie militaire provinciale », comme il se plaît parfois à le rappeler. « L'on y respectait tout : Dieu, l'Église, le carême et le droit d'aînesse. » Pas de richesse, mais du courage et du panache à revendre. Chez les Rocard on ne badine pas avec la mémoire de ses héros : un arrière-grand-oncle colonel « suicidé » après avoir exécuté sous l'ordre d'une république honnie les inventaires des biens de l'Église ; un grand-père courage « qui fut à l'aviation de bombardement ce que Guynemer fut à l'aviation de chasse » et qui resta dans l'histoire comme le dernier officier aviateur français abattu en vol en 1918, quelques heures seulement avant l'armistice. Les mères, on n'en parle pas, elles se contentent de rester au foyer jusqu'au jour où la sienne, de ses propres dires, se révèle définitivement autoritaire, austère et non aimante. Ses nounous feront une partie du boulot, dont la célèbre philosophe Simone Weil qui, comme d'autres, avait été recrutée pour le cocooner. Nul doute qu'il en est resté quelques traces.

Là, c'est le temps long de l'introspection qui travaillera en sa faveur et va le réconcilier avec lui-même. Et quand il juge que ce temps-là arrive, c'est-à-dire après avoir gagné une respectabilité au moins égale à celle de son père – qu'il s'est résolu à n'être plus seulement son fils dénigré –, il prend prétexte d'une sollicitation extérieure de l'École normale supérieure pour procéder à son *mea culpa.* Cette intervention, destinée à être prononcée le 7 octobre 1992, a été préparée le week-end précédent sur six rectos de feuilles noircies au feutre fin. D'abord intitulée « En mémoire de Papa », son auteur transformera *in extremis* cette curieuse familiarité en un « Hommage à l'illustre savant ».

« Mon père aimait être appelé ainsi », se justifie le fils devant un parterre de sommités scientifiques venues tout exprès, ici dans leur lieu saint, déceler la part d'ombre du géniteur de l'homme d'État. Mais rapidement Michel Rocard commence à parler de lui-même à la troisième personne.

> Un trait de son caractère vigoureux était l'étonnante puissance corrosive de son humour. C'est ce qui me fait penser que s'il pouvait nous voir tous ensemble en ce moment, il s'offrirait une bonne tranche de rigolade. Enfin quoi, ce fils ignare, totalement inepte aux sciences exactes, est convié à faire l'ouverture d'un éminent colloque qui rassemble l'essentiel de ce que la physique française compte de plus huppé : il y a là un savoureux retournement de situation.

Il prend la pose, consigne sur son visage un sourire réjoui, puis laisse la houle de ravissement remonter jusqu'au premier rang, prendre à témoin sa fausse modestie. Comme un air de revanche.

L'ellipse et la dérision sont ses meilleures armes pour parler de lui, asséner au passage ses propres vérités. Pas d'improvisation, juste l'envie de se refaire une santé au plus près de sa sincérité, mais jamais de surplace. Convenons que le bougre sait y faire.

> Ayant dit cela, je me heurte immédiatement à l'obstacle central de ce propos – ce que je peux, en tant que fils, vous raconter de mon père est hors sujet –, mais ce qui relève du sujet relève également du champ considérable de mon incompétence. Je peux néanmoins ici me risquer à mentionner une petite zone de recoupement entre l'univers familial et l'univers de la science.

S'ensuit une autoanalyse débridée de son passé. Émoustillé après coup d'avoir eu à décider seul de son destin le jeune Michel raconte que « ce père autoritaire n'a pas supporté que son fils ne se prépare pas à faire une carrière scientifique et parfaire ainsi son héritage génétique ». Lui préférera s'inscrire à Sciences Po, mais sitôt son intention exprimée, le rude *pater familias* le traite de « con ».

« Et si c'était vrai ? » doit alors penser le fils. C'est l'origine de la fêlure.

Il s'explique alors : « Je reste toujours marqué par les trois réactions qu'il a réussi à exprimer dans une conversation qui n'a pas dû dépasser deux minutes trente. » En réalité Rocard rajoute trente secondes sur son brouillon, jugeant qu'il lui fallait une marge de sécurité pour convaincre. Il joue alors un seul-en-scène à deux voix, toutefois plus proche de la sonate que du stand-up.

> « Premièrement, au lieu de créer par toi-même, tu vas apprendre à bavarder, à coordonner les autres, c'est-à-dire à les paralyser. » Cette mise en garde n'a jamais quitté mon esprit, elle m'a été bénéfique en politique.
> « Deuxièmement, sache que l'humanité progresse essentiellement par la science et la connaissance, martèle le père. En te déclarant inapte à participer à ce mouvement tu t'installes dans la position de pouvoir seulement le parasiter. » Ça rend humble.
> « Enfin, et dans ces conditions, je cesse de t'entretenir. Il faudra donc que tu apprennes à traiter des choses qui te résistent. Et puisque ça ne peut pas être les sciences exactes, ce ne pourra être que la matière. Je t'embauche comme tourneur-fraiseur dans le laboratoire de l'École normale. »

Et Rocard, le bras levé, d'indiquer de son index les étages supérieurs de l'École normale supérieure où une grande partie de l'assemblée suivait les cours de son père. Il réoriente ensuite ce même doigt vers le bas pour signifier que pendant ce temps-là lui officiait dans les soutes « pour fabriquer des outils utiles à leurs expériences ».

Quand Rocard comprend qu'il prend son *pater familias* en otage pour parler de lui, le voilà qui rosit du visage, s'excuse platement, puis avale une gorgée d'eau histoire de donner le change.

Silence.

Il reprend alors sa conférence de manière plus conforme à la commande, active la célébration de son « illustre savant » en rappelant que l'un de ses principes cardinaux était d'« éviter le gaspillage budgétaire ». Dans la salle on rit sous cape.

« Quelle que soit la nature de l'activité de recherche, poursuit l'orateur qui monte d'un ton et appuie chaque syllabe des propos de son père, rien ne justifie que les dépenses budgétaires soient supérieures à trois fois la rémunération du responsable de ladite recherche. »

Et le fils tout sourire, fixant son public le buste en avant, d'ajouter : « J'adhère. » Certains se souviennent encore de la tête des patrons de laboratoires présents ce jour-là. Les voilà en train de se redresser de leur fauteuil d'un même élan pour se demander s'ils ne sont pas en train de payer très cher ce retour espéré du fils au royaume du pardon paternel.

Colloque monté par l'Ecole Normale Supérieure
en mémoire de Papa, le 7.10-1992-

Ouverture-

L'illustre savant — il adorait cette expression — l'illustre savant mon père avait le caractère vigoureux. De ce caractère l'une des facettes les plus connues était l'étonnante puissance corrosive de son humour. C'est ce qui me fait penser que s'il pouvait nous voir tous ensemble en ce moment, il s'offrirait une bonne tranche de rigolade. Enfin quoi, ce fils ignare, totalement inapte aux sciences exactes, est convié à faire l'ouverture d'un fort éminent colloque qui rassemble l'essentiel de ce que la physique française compte de plus huppé : il y a de savoureux retournements de situation.

Ayant dit cela, qui est pour moi un constat d'évidence, je me heurte immédiatement à l'obstacle central de ce propos :

- ce que je peux, en tant que fils, vous raconter de mon père est hors du sujet.
- mais ce qui relève du sujet relève également du champ considérable de mon incompétence.

Je peux cependant me risquer à mentionner une petite zone de recoupement entre l'univers familial et l'univers des sciences.

Lorsque trois semaines d'hypotaupe m'eurent convaincu que la transmission génétique n'assurait

« L'art de la paix devrait s'enseigner. Des écoles de guerre, il y en a partout, tandis que des écoles de paix, je n'en ai jamais vu. »

Mes idées pour demain, mai 2000

Avant cela, il fallait bien mettre du charbon dans la machine, trouver une bonne raison d'apprendre en avançant. Toujours en tâtonnant. Mais entre une mère omnipotente et un père fantomatique ; un *Führer* élu démocratiquement quelques années auparavant de l'autre côté du Rhin et des pleutres compatriotes en train de faire de l'Hexagone un terrain d'occupation allemande, le monde du petit Michel n'avait pas vraiment de quoi faire rêver.

Pourtant à la faveur de cette maman protestante si peu aimante il est, à 10 ans, jeté tout cru dans les bras d'une famille de substitution : les Éclaireuses et Éclaireurs unionistes de France. Le voilà en uniforme en train de raccommoder des toiles de campement, tripatouiller des cartes au millième, des gourdes, des boussoles, et, sans même broncher, de faire la génuflexion à l'heure de la messe. À 12 ans à peine il découvre que la vie peut s'épanouir dans le jeu, le chant, les bois, les sentiers, l'altérité, la foi ; dans les rites, la discipline, la science, le ciel et les étoiles. Ce fut suffisant pour faire de ce gamin « un bon client » de l'éducation populaire et des sciences naturelles, un disciple inconditionnel de la vie en société enraciné là où l'amour et l'intelligence ont quelques raisons de se frotter ensemble pour faire des étincelles et penser un monde meilleur. Là est son ADN.

En 1945 c'est le pompon. Il vient d'avoir 15 ans et son commissaire unioniste parisien l'envoie à l'Hôtel Lutetia reconverti en centre d'accueil militaire. Rocard est informé sur-le-champ de l'existence des camps de concentration en Allemagne et découvre dans le hall de l'hôtel les premiers déportés qui en reviennent. Un choc. C'est là, pendant ces journées interminables où l'adolescent trimbale des corps hagards et mutilés sur des brancards, où il entend à bout portant des gémissements humains, que le destin du jeune scout va basculer. Désormais il sait de quel bois de chauffe sa vie va s'éclairer, puis lentement se consumer.

Ses fameux carnets de scout qu'il rédigeait comme un moine recopiant ses épîtres, Rocard les a conservés, à l'abri du temps, de ses humeurs politiques et sentimentales, mais aussi de ses nombreux déménagements. On peut dès lors imaginer qu'il y jetait régulièrement un œil lorsque au creux de ses vagues il lui fallait vérifier qu'entre 10 et presque 25 ans il était bien le « Hamster érudit », ce surnom totémique qui lui valut tant de sarcasmes de la part de ses compères socialistes.

Pêle-mêle, ses nombreux carnets reliés, écrits à l'encre bleue sur des pages quadrillées de 17 × 11 cm remplies jusqu'à la gueule dans leurs moindres marges, systématiquement abondés de tables des matières alphabétique et numérique, sont des objets lunaires. C'est d'un luxe encyclopédique, d'une texture quasi lyrique, d'une visée foncièrement humaniste ; c'est, page après page, une mise en abyme de lui-même par le choix qu'il fait de recopier et de citer tels ou tels auteurs. Ces carnets ressemblent à une déclaration d'amour par procuration à l'humanité tout entière alors que ces calepins sont avant tout une collection de bréviaires savoureux destinés à être lus et surtout relus par le seul intéressé. Étrange exercice d'inspiration que d'inscrire tous les jours de quoi se rasséréner, s'emplir du sens des choses, chercher à comprendre l'armature et l'agencement d'une pensée. Quelle leçon !

Ça commence par 118 textes de chansons qu'il recopie soigneusement comme un écolier ; les titres en rouge, les refrains en bleu, tout émoustillé sans doute de découvrir des complaintes un tantinet légères, des aubades à l'accent romantique, des barcarolles teintées d'exotisme. Certes *La Marseillaise* ouvre le bal, mais très vite le boy-scout s'entiche pour *Cantique des patrouilles*, *Le Chant des piroguiers*, *La Marie-Jésus*, *Les Gars de l'usine*, *Ami entends-tu*, *La Saint-Hubert*, *À la claire fontaine*, *C'est à boire*, *Le Soldat de l'Yser*, *Henri IV*, *Nini peau d'chien*, *La vie est belle*, *La Paimpolaise*, *Moi j'aime papa* (une croix au crayon bien visible y est accolée…), etc. La plupart des chants choisis et retranscrits sont ornés d'un minuscule dessin colorié qu'il prend soin d'installer dans un petit carré à droite du titre. Les traits y sont très fins, et les couleurs vives. On y trouve aussi quelques traits d'humour. Il n'a alors que 15 ans.

Le sérieux arrive entre 16 et 18 ans dans un carnet intitulé *Moissons*, quand la matière cérébrale devient consistante et moins éthérée. Première page intérieure droite : « Michel Rocard, 87 Bd St Michel Paris » suivi d'un minuscule hamster dessiné par ses soins sous lequel est mentionné : « "Hamster érudit" EU Luxembourg », le siège parisien de la troupe scoute unioniste.

En ouverture du carnet une sorte de mise en bouche :

> Il semble qu'à la petite phalange des hommes vraiment fiers moins de chances soient offertes qu'autrefois, moins d'occasions d'être les maîtres de leur propre jeu. La machine sociale contemporaine transforme les individus en rouages anonymes et ne tient pas compte des aspirations naturelles à l'espèce. La liberté de décision et de création n'appartient qu'à de rares privilégiés, et le reste est un troupeau sans initiatives. Beaucoup n'ont pas assez d'étoffe pour en souffrir, mais quelques-uns ressentent profondément toute l'injustice diabolique et la cruauté de cette condition. Il leur faut coûte que coûte découvrir une issue ; ainsi naissent les grandes vocations d'aventures.

C'est signé Samivel, un écrivain, cinéaste, explorateur oublié, peintre surtout, mais essentiellement connu pour ses aquarelles de montagne. À quelques mots près, l'adolescent aurait pu être l'auteur de cet incipit daté du 21 décembre 1949 s'il n'avait déjà un sens inné du respect du legs de ses aînés.

Tout dans cette « moisson » d'environ 350 citations (dont une vingtaine dans leur version originale en anglais) est le reflet d'une aspiration très profonde à s'enraciner dans l'Histoire, dans ce qu'elle est capable de distiller de meilleur à des cerveaux ébroués en quête de personnalité. Au hasard cette citation de Socrate recopiée avec soin à la page 5 : « J'estime pour ma part que mieux vaudrait se trouver en désaccord avec tout le monde que de l'être avec soi-même. » Nul doute que le futur socialiste minoritaire a dû la lire à plusieurs reprises au cours de sa vie. Là, l'écriture est singulièrement mûre, les choix plus philosophiques, les références plus humanistes. On y retrouve, en vrac : Balzac, Voltaire, Saint-Exupéry (une dizaine de fois), Foch, de Gaulle, Gandhi, Karl Marx, Lanza Del Vasto (trois fois longuement), Montherlant, Renan, Claudel, le Curé d'Ars, Goethe, Simone Weil, Malaparte,

Rilke, Giono… Mais aussi, pour la moitié, des auteurs inconnus ou oubliés (Boegner : « Tout mon être proteste à l'idée du renoncement » ; Psichari, Harmel, Kagawa…). Et puis à la page 62, surprise, une phrase courte venant de nulle part : « Un sac vide tient difficilement debout. » Elle est écrite avec plus d'application que les autres, trône en plein milieu de la page de gauche : on ne peut s'empêcher de penser que cette jolie métaphore est le fruit d'une trouvaille personnelle de l'auteur des carnets. Une signature qui correspondrait parfaitement à l'esprit général de ce considérable travail de collecte, méticuleux et soigné, réalisé à dessein et à des fins personnelles.

Sa mystique socialiste arrive à maturité. Il a 18 ans. Particularité : elle se nourrit chez les plus grands, en particulier chez celles et ceux qui ont mis les mains dans le cambouis et qui se gardent d'en tirer gloriole. Résultat, à 19 ans il s'encarte à la SFIO. Il a entre-temps lu Marx comme tout le monde, mais surtout Viktor Kravchenko, un haut fonctionnaire du Kremlin réfugié aux États-Unis en 1944 qui deux ans plus tard lance un pavé de 650 pages dans la mare politique en publiant *J'ai choisi la liberté !*. Bien avant Soljenitsyne,

Kravchenko offre un témoignage accablant et inédit des dérives de Moscou. Il y dénonce le premier l'existence des goulags soviétiques et les hôpitaux psychiatriques. Mais en Europe on fait le gros dos. Les communistes français crient au mensonge, puis la gauche tout entière à la mystification. La France de l'après-guerre s'est déjà recroquevillée dans le gaullisme satisfait, elle fait avec. Sauf le jeune Rocard.

Dans *Grains de sel*, écrit probablement l'année suivante, mais non daté, le Hamster laisse la place à Michel Rocard. Ses choix sont plus radicaux et on perçoit au fil des pages une gourmandise pour les mots d'esprit, anglo-saxons en particulier ; un appétit prononcé pour l'humour et la métaphore. En vrac : « C'est dieu qui a créé le monde mais c'est le diable qui le fait vivre », de Tristan Bernard ; « Il n'y a qu'une chose qui rende les femmes dangereuses, les hommes », de Franklin P. Jones ; « Une femme se marie pour entrer dans le monde, un homme pour en sortir », de Taine…

Là, il prend note de quelques saillies de ses professeurs à Louis-le-Grand, plus tard à Sciences Po, puis, au même titre que les autres citations, les recopient dans son carnet :

> M. Bordon (histoire et géographie), « L'insularité de la Grande-Bretagne explique qu'elle est entourée d'eau » ; Charles Morazé (histoire économique), « À la suite de tous ces perfectionnements le rail prit son essor et les chemins de fer allaient leur train » ; Charles Celier (introduction aux sciences politiques), « Pour faire une révolution il faut un quartier général et un poste de commandement que l'on appelle généralement le PC »...

C'est l'âge et le lieu où on apprend à ricaner sans moufter.

Michel Rocard fait quelques entorses à son principe de remplir ses carnets de citations. Il en invente : « Il y a inflation lorsque les bruits de craquement dans les piliers de l'économie sont couverts par le froissement des billets de banque », ou bien décide d'un délire plus personnel inspiré par tel ou tel mot. Par exemple à propos de celui de Cambronne qu'il ne cite d'ailleurs jamais. Extrait :

> L'homme qui a gagné la bataille de Waterloo, ce n'est pas Napoléon en déroute, ce n'est pas Wellington pliant à 4 heures, désespéré à 5, ce n'est pas Blücher qui ne s'est point battu, l'homme qui a gagné la bataille de Waterloo c'est Cambronne. Foudroyer d'un tel mot le tonnerre qui vous tue, c'est vaincre. Dire ce mot et mourir ensuite, quoi de plus grand ? Car c'est mourir que de le vouloir et ce n'est pas la faute de cet homme si, mitraillé, il a survécu…

Laborieux mais sacrément tricoté.

Lors d'un week-end d'« exploration » à Saint-Leu-la-Forêt en mai 1945 en compagnie de son camarade Atger, les deux compères se font un devoir de préciser dans leur rapport que cette « explo » a été faite « sans tente, sans montre et sans ficelle » avec le projet de récupérer des informations sur la station thermale du village et d'étudier aussi la possibilité d'installer un poste émetteur en morse pour échanger. Tels des entomologistes capés, les deux boy-scouts se noient littéralement dans des expériences techniques et scientifiques capables de donner à leur récit le caractère d'une épopée à la Cousteau.

Rocard excelle dans l'exercice, jusqu'à rester seul perché sur un arbre des heures durant, y couper ses branches, concevoir et enfin avec ses potes fabriquer une hutte dotée de « clayonnage » (sorte d'assemblage de pieux et de lianes destiné à soutenir un torchis). Non content d'avoir fourni le nécessaire pour réaliser leur projet, Hamster érudit aura préalablement dessiné lui-même au crayon la cabane. Dans son rapport il prendra soin de flécher tous les endroits de la hutte où il est nécessaire de pointer précisément la technique employée pour comprendre le processus de construction. Tout dans ce document millimétré est scientifique ; tout dans sa lecture montre la fécondité produite par la fusion d'une camaraderie, d'un projet, d'un environnement naturel. On comprend mieux pourquoi Rocard confiera plus tard à l'auteur avoir plus appris de l'éducation populaire « en plein air » qu'entre les murs de l'école ou de l'université.

Le scoutisme fut son foyer d'accueil, et la patrouille son royaume fraternel. Michel Rocard est un réfugié familial, le rebut involontaire d'un père et d'une mère bien trop malhabiles à le gratifier d'amour et de joie. Alors durant ces quatorze années où il fut successivement louveteau, éclaireur et chef de troupe, le boy-scout d'un mètre soixante-neuf s'est plu à creuser profond le puits de son propre salut.

Ces carnets laissés dans une armoire, et aujourd'hui protégés avec bienveillance par sa veuve, sont autant de petits cailloux lumineux laissés sur le rebord de ses chemins de traverse. Quand bien plus tard il parle de sa formation académique le futur énarque ne se prive pas de dire que « ses études ne l'avaient pas vraiment comblé », que la transmission familiale dont il aurait pu et dû profiter avait été réduite « à la portion congrue », mais aussi que ses intuitions et ses fulgurances, les entrelacs de sa vie en société, l'instinct systématique à tout penser lui ont permis d'échapper à la tyrannie de la rationalité et de grandir.

Tout alors s'emboîte mieux pour saisir ce que Rocard a voulu faire lors de son passage sur terre.

Michel ROCARD
87 Bd Saint. Michel. Paris V.
Hamster Erudit.
E.U. Luxembourg.
MOISSONS
I

— Ma fille, ne puis vous le céler,
Renaud est mort et enterré."

Renaud, Renaud mon réconfort,
Te voilà donc au rang des morts } B

"Terre ouvre-toi, terre fends-toi,
Que j'aille avec Renaud mon Roi !"
Terre s'ouvrit, terre fendit,
Et la belle a rendu l'esprit.

298

L'Appel du Grand Lénine.

Par la faim et la famine
Par les villes et par les champs,
A l'appel du grand Lénine,
S'élevaient les partisans. } B

Notre paix, c'est leur conquête,
Car en dix-neuf cent dix-sept,
Par le froid et la tempête,
Ils ont sauvé les soviets. } B

Refoulant les armées blanches
Et chassant les allemands
Ils finirent leurs campagnes
Sur les bords de l'océan } B

Il aurait très bien pu croiser sur cette route un certain Lionel Jospin qui, comme son aîné de sept ans, a fréquenté les troupes unionistes au même âge. Moins téméraire qu'Hamster érudit dans son engagement, « Langue agile », puisque c'était le totem de son futur compère socialiste, n'en était pas moins protestant. Mais ces deux-là, malgré leur solide appartenance à la même paroisse, ne se trouvent pas. L'un préféra mettre rapidement ses deux pieds chez les trotskistes de l'Organisation communiste internationale, tandis que l'autre en gardera un au Parti socialiste unifié pendant que le second restera bien accroché sur les terres militaires de Baden-Powell.

Tous deux ont un deuxième point commun : celui d'avoir été chef de gouvernement dans des contextes cohabitationnistes aussi extravagants l'un que l'autre. Rocard avec son pire ennemi de gauche, François Mitterrand ; Jospin avec son pire adversaire de droite, Jacques Chirac. Mais quand « l'Austère qui se marre » succédera six ans plus tard au « Tintin de la politique », c'est pour se prendre l'un des pires gadins électoraux de la Ve République. Devancé contre toute attente par l'extrême droite au soir du premier tour des présidentielles de 2002, Jospin prend sa retraite sur-le-champ, tandis que Rocard, parti depuis un moment des sommets du pouvoir, continue d'y crapahuter en attendant, pourquoi pas, de s'y réinstaller.

La grande différence entre ces deux-là ne relève pas du destin mais de la seule stratégie politique. Rocard est tout simplement seul quand Jospin est accompagné. L'un s'est fait contre Mitterrand, l'autre avec. Pour autant c'est l'ancien trotskiste qui bénéficie en 1997 du ralliement des rocardiens à son drapeau de la gauche plurielle. « On n'avait pas envie de croupir dans notre coin », lâche Manuel Valls un quart de siècle plus tard à l'auteur, parlant au nom de ses compères Alain Bauer et Stéphane Fouks. Mais contre toute attente, le lendemain de la dissolution le nouveau Premier ministre Lionel Jospin n'appelle pas l'ancien pour participer au gouvernement. Voyant l'Histoire se faire sans lui Michel Rocard se rappelle une bonne fois pour toutes à son bon souvenir dans une lettre manuscrite datée du 9 juin et curieusement troussée :

> Mon cher Lionel,
> Un mot rapide en urgence. Je comprends très bien, et mieux que cela j'approuve et je ferais la même chose, que tu n'ouvres avec personne aucune discussion sur la composition du gouvernement. Il n'y a guère de tâche plus infernale que celle-là. Mais il est peut-être utile que tu saches les souhaits et puis tu feras ce que tu pourras. Je suis candidat au poste de ministre des Affaires étrangères.

Aucune réponse. Pire, nulle explication amicale ne viendra soulager le prétendant de son légitime dépit. Depuis qu'il s'est fait évincer de la direction du PS trois ans plus tôt l'ancien Premier ministre est *persona non grata.* Il est devenu le moustique qui pique car, paraît-il, le nouveau député européen, très convoité dans l'hémicycle strasbourgeois, passe son temps à intriguer à droite comme à gauche.

Il n'en fallait pas plus pour en faire un renégat respecté, mais un renégat tout de même.

Rocard ne désarme pas pour autant. En 2002 l'ingrat Jospin, sûr de lui, se prépare à diriger le pays en menant une campagne qui ne laisse planer aucun doute quant à son résultat. C'est si vrai qu'à gauche tous les chefs de courants ont déjà la tête dans les étoiles, y compris le Renégat qui joue avec les nerfs du candidat. Le 21 avril 2002 au matin, c'est-à-dire quelques heures avant la déflagration, le député européen lui adresse un courrier en lui déroulant sa feuille de route pour le lendemain de manière « à emporter le morceau » quinze jours plus tard sitôt le duel final engagé. Sur le ton de la camaraderie Rocard assène sa liste de courses sur sept pages manuscrites, tout en s'excusant au préalable de ne pas avoir eu le temps de les faire taper à la machine avant de prendre l'avion pour je-ne-sais-où. Extraits :

> Certes les « ex » emmerdent toujours le monde quand ils prétendent donner les conseils de leur sagesse à leurs successeurs. Donne-moi acte que je m'en suis bien gardé… Je n'ai travaillé pour ton gouvernement que lorsqu'il me l'a demandé (Mutuelles, Conseil de coopération

économique du Pacifique…) et je n'ai jamais fait aucun commentaire sinon laudatif.

Après avoir pris soin de préciser que son destinataire peut « balancer cette lettre » si elle ne lui plaît pas, Michel Rocard, certain que Jospin accédera dans quelques heures au deuxième tour, passe à l'injonction. C'est une manie.

> Après le résultat ce soir du premier tour tu auras 24 heures pour changer la donne en changeant le ton et les enjeux. Il te faut surprendre. Ça se joue sur ta première prestation. La campagne du premier tour est globalement jugée peu convaincante, aux limites de l'ennuyeux et trop pleine de gestes privés (la baffe de Bayrou). Pourquoi ne dirais-tu pas « Mes chers concitoyens, le premier tour est terminé. Les seize candidats ne pouvaient à eux tous produire que du bruit et de la cacophonie, je tiens sur les plans social, éducatif, judiciaire, fiscal et autres à vous détailler ce que je crois possible dès maintenant ».

Sans le moindre complexe il s'installe alors en lieu et place du candidat. En moins de temps qu'il n'en faut pour écrire l'incipit de son déroulé, Michel Rocard s'incarne en Jospin. Rocard/Jospin aligne alors en détail tout ce qu'il doit faire, exiger, décider et réaliser. Il dresse au préalable un réquisitoire savamment argumenté à l'endroit de ceux qui n'ont jamais rien fait pour permettre aux Français de disposer des moyens de comprendre « une mondialisation qui fait peur », une « Europe qui doit être plus solidaire avec l'Afrique », « une politique de la santé à revoir de fond en comble », etc.

Puis tout à coup, page 6 :

> J'arrête, il me faut prendre l'avion. Juste un dernier mot : quand tu seras Président, tu auras besoin d'une politique étrangère autrement inventive. Je suis toujours là.

On ne se refait pas.

S'ensuit une transe de sincérité :

> Crois non seulement à mon amitié mais à l'intensité de ce que je ressens de complicité profonde avec toi dans ce moment exaltant et redoutable.

Et puis un post-scriptum improbable tombe sous sa signature comme un cheveu sur la soupe :

> Il fallait bien sûr que tu parles de Chirac, naturellement, et tu l'as fait. Mais maintenant, chaque fois que tu lui consacres du temps tu donnes l'impression que tu n'as rien d'autre à dire… ou que tu poursuis une haine. Si tu es sûr de toi, il n'existe plus. Ça aussi ce serait une bonne innovation de ton pour ta campagne du deuxième tour.

Il faut le lire deux fois pour le croire. Quand d'autres mettent des gants pour chuchoter aux oreilles d'un prétendant à la fonction suprême de quoi le rasséréner, lui, l'indécrottable disciple d'Horace, préfère prendre sa plume et laisser des traces plutôt que passer discrètement le coup de fil de circonstance. *Verba volant, scripta manent.*

La prose se termine comme d'habitude, en entonnoir. C'est-à-dire dans une écriture en diagonale qui fond vers la droite de la page et se recroqueville au point de devenir illisible lorsqu'il constate que la place va lui manquer. Du Rocard pur jus.

Michel Rocard

Mon cher Lionel.

Un mot rapide en urgence – Je comprends très bien, et mieux que cela j'approuve et je ferais la même chose, que tu n'ouvres avec personne aucune discussion sur la composition du gouvernement. Il n'y a guère de tâche plus infernale que celle là.

Mais il est peut-être utile que tu saches les souhaits, et puis tu feras ce que tu pourras. Je suis candidat au poste de Ministre des Affaires Etrangères.

J'ai d'autre part tenté de t'appeler ce matin au téléphone, mais c'était pour autre chose : j'avais été convié à un déjeuner où il devait y avoir Mauroy, Allègre, Vaillant, Martine Aubry et un ou deux autres. N'y voyant pas malice j'avais accepté. Il me revient que tu as souhaité qu'il n'ait pas lieu : OK. Nous n'entendons, moi en tous cas, que servir la cause commune. Il faut qu'on réussisse.

Bonne chance, fidèles amitiés.

M. Rocard

266, boulevard Saint-Germain - 75007 PARIS - Tél : 47.05.05.47 - Fax : 45.51.42.04

Pas étonnant qu'il faille tant de temps pour le comprendre. Et lui d'en avoir pris tout autant pour se faire entendre. Quels efforts a-t-il dû entreprendre pour prendre connaissance des codes d'accès à la langue majoritaire du socialisme mitterrandien, rentrer dans le rang en serrant les dents, digérer la haine des autres, s'accommoder de ses ennemis sans avoir à se renier.

Trois ans après avoir pris sa carte au Parti socialiste en 1974 et alors que Rocard s'était vu honorer du titre de secrétaire national au secteur public, les mitterrandistes se frottaient déjà les mains à l'idée de l'attendre au tournant. Et c'est sur l'économie sociale, un sujet *a priori* secondaire et gazeux, que les couteaux furent tirés, mais le secrétaire national tient à ce dossier comme à la prunelle de ses yeux, au point de manifester beaucoup d'entrain pour le rendre fluide, consistant, crédible. Pour ce faire il applique sa méthode, négocier. Il réunit des heures durant le monde mutualiste, coopératif et surtout associatif pour tenter, avec eux, de dégager une troisième voie politique entre le marché et l'État. Rocard produit alors une synthèse de ses travaux, dégage des pistes vertueuses pour le plus grand bonheur des acteurs de ces trois secteurs qui, au dire des participants d'alors, ne tarissaient plus d'éloges sur ce « socialiste de grand chemin », capable de retourner une salle entière sur des arguments humanistes et économiques imparables. Bref le secrétaire national disposait objectivement des moyens de faire de l'économie sociale le bras armé de la gauche.

Mais les mitterrandistes ne l'entendaient pas de cette oreille, certains que Rocard allait faire de ce thème le cheval de Troie pour être désigné par les militants socialistes comme le candidat à la future présidentielle. La paranoïa gagne. Pressentant des coups fourrés Rocard prend la précaution de faire voter une déclaration sur le sujet au bureau exécutif du parti à l'automne 1977. « À ma stupéfaction il sera rejeté à deux reprises : tout cela innovait trop, surprenait, changeait trop les habitudes », raconte l'intéressé dans ses Mémoires iconoclastes intitulés *Si ça vous amuse*, publiés en 2010.

> Mais je suis tenace : à la troisième présentation le projet fut accepté mais tenez-vous bien, avec interdiction de publication pour ne pas effrayer les petits commerçants avant les élections législatives de 1978 !

Cette séquence illustre à merveille le chemin de croix que le leader de la deuxième gauche aura eu à parcourir entre 1974 et 1981 au sein du PS. C'est si vrai que le lendemain de la victoire de François Mitterrand il lui fallut quémander de rattacher ce secteur à ses attributions de ministre d'État du Plan et de l'Aménagement du territoire. Quand il l'obtient, grâce à l'insistance de Pierre Mauroy, le Conseil d'État retoque son décret d'attribution. L'argument est imparable : « l'économie sociale n'existe pas ». Rocard ne lâche rien, fait en sorte de la créer, impose un Conseil supérieur de l'économie sociale puis une Union d'économie sociale pour faciliter la mise en œuvre des cadres juridiques. Entre-temps l'économie sociale aura beaucoup perdu de son épaisseur politique.

Tout ça pour, au faîte de sa gloire gouvernementale, distiller au compte-gouttes un peu de dialogue apaisé, de droit moral et de justice sociale dans un monde de brutes. Pour se soulager des années plus tard de tant de contrariétés il s'attelle en 2015 à la rédaction d'un *Dictionnaire amoureux de Matignon.* Mais sa santé défaillante aura raison de son aboutissement. Il y a pourtant là, dans ce manuscrit inachevé de quelque deux cents pages, matière à comprendre un Rocard sourcilleux, voire tatillon, au fait des moindres détails des attributions de ses pouvoirs. Quarante-quatre chapitres pour traiter en vrac ce qu'est un contreseing, les fonds spéciaux, la Lanterne, le parc et ses arbres, le domaine réservé, le pouvoir de nomination, la salle Jupiter, le 49.3, Souzy-la-Briche, la démission en blanc, la cuisine, les nominations, la chapelle, etc. Tout un glossaire matignonnesque fait de bric et de broc se déploie alphabétiquement pour célébrer une fonction de la République qu'au fond personne ne connaît vraiment dans les détails. Lui s'y colle. On retiendra de ces brouillons travaillés avec autant d'anecdotes historiques que d'informations politiques un Michel Rocard prenant soin comme à son habitude de raturer tous propos imprécis ou approximations qui semblent préjudiciables à une bonne compréhension des choses.

Parenthèse à cet égard. Il n'a, s'agissant de l'immigration, jamais digéré le procès qu'il a subi de la part des belles âmes du socialisme encartées à propos de cette sortie sur TF1 le 3 décembre 1989 : « Nous ne pouvons pas héberger toute la misère du monde. » Quand des années plus tard l'auteur du présent ouvrage reviendra en aparté sur le sujet lors d'une série d'entretiens organisés pour le compte d'un ouvrage à paraître chez Flammarion en 2001, c'est un Rocard désabusé, voire lassé qui mettra dans le même sac la classe politique et les médias d'opinion :

> Comment voulez-vous éclairer les électeurs avec des gens qui cherchent sans cesse à attiser les peurs, déformer vos propos, les décontextualiser, les tirer vers le bas. Qui me connaît un peu sait que ma pensée sur le sujet vaut tout de même un peu plus que cette phrase-là !!!

Rocard semble découvrir sur le tard que son innocence fut autant sa force que sa faiblesse ; que l'*intelligentsia*, toute sympathisante qu'elle fût à son endroit, eut bien peu d'indulgence quand il s'agissait de le défendre.

Autres florilèges de ce *Dictionnaire.* « Appartements privés : Il n'y en a pas. » Pour Rocard, un appartement de fonction digne de ce nom doit prévoir d'y accueillir femme et enfants en nombre, ce qui n'est pas possible en l'état. Il conclut en précisant que « la Ve République n'est pas encore prête à héberger un Premier ou une Première ministre à charge d'enfants ».

À la lettre « C », on peut lire quelques pages très fouillées sur le rôle des conseillers. Puis c'est au tour de « Cresson ». La protégée de François Mitterrand qui lui succéda le 15 mai 1991 a droit à cinq lignes. Elles se concluent de la manière la plus lapidaire qui soit : « Elle est le Premier ministre le plus éphémère de la Ve République. »

En revanche à la lettre « D » l'auteur du *Dictionnaire* s'attarde très longuement (plus de cinq pages) sur la fameuse lettre de « démission en blanc » que chaque chef de gouvernement est censé signer et remettre au secrétaire général de l'Élysée le jour de son arrivée à Matignon. Rocard profite de la rédaction de ce dictionnaire pour s'étonner que la Constitution n'évoque jamais les conditions de départ de celui ou de celle qui est nommé(e) par le chef de l'État élu. Insatisfait des réponses évasives de ses juristes préférés (en particulier Guy Carcassonne), Rocard écrit à son prédécesseur Édouard Balladur, conseiller d'État honoraire, pour lui quémander aimablement quelques précisions. L'ancien Premier ministre de François Mitterrand s'exécute en lui confiant qu'en effet « ces démissions en blanc ont toujours existé ». D'ailleurs, ajoute-t-il, « j'en avais la garde lorsque j'étais secrétaire général auprès de Georges Pompidou à l'Élysée ». Sa question l'étonna d'autant plus que Michel Rocard n'eut jamais à la signer. Quand on sait le climat de confiance qui régnait en 1988 au sommet de l'État entre les deux piliers de l'exécutif, on a de bonnes raisons de penser que l'exercice n'eût pas été qu'une formalité.

Toujours à la lettre « D » Rocard règle son compte à ce « monstre doctrinal qu'est le domaine réservé ». L'expression ne figure dans aucun texte constitutionnel. Elle est donc « nulle et non avenue ». L'auteur du projet de *Dictionnaire amoureux de Matignon* nous apprend que c'était

Jacques Chaban-Delmas, le président en exercice de l'Assemblée nationale (mais aussi futur Premier ministre de Georges Pompidou), qui avait voulu l'imposer après coup dans la Constitution. C'était lors d'un congrès de l'UNR en 1959 à Bordeaux. Il s'agissait alors pour de Gaulle de consolider ses pouvoirs de président de la République dans les domaines de la Défense et des Affaires étrangères au détriment du chef de gouvernement. Devant le peu d'empressement de Georges Pompidou à passer à l'acte, Chaban n'insista pas mais l'expression a continué de faire florès. En particulier quand en 1972 l'intéressé fut lui-même nommé Premier ministre par le successeur de Charles de Gaulle. On comprend mieux.

À la lettre « G », c'est le mot guerre qui est convoqué. Il l'est pour une bonne raison : en août 1989 Rocard est Premier ministre lorsque l'Irak envahit le Koweït et que la communauté internationale décide de répliquer. Il l'est toujours en 1990 quand la guerre du Golfe est déclarée et que l'ONU vote une résolution. Là aussi la Constitution est floue sur la procédure de déclaration de guerre décidée par la nation française. Au-delà du fait que précisément ladite procédure relève du domaine réservé du chef de l'État, faut-il ou non en informer préalablement la représentation parlementaire ? Ce qui apparaît pourtant évident ne l'est pas. Des précédents sont là pour épargner au président de la République d'être contesté. Mitterrand n'est pas loin de décider de se passer de son avis jusqu'au moment où Rocard saute le pas pour l'en empêcher.

> J'obtiens *in extremis* de François Mitterrand d'informer les députés de l'intention de la France de prendre les armes. Et j'eus la satisfaction de constater que par la suite « le précédent Rocard » fut avancé quand les conflits dans lesquels nous étions impliqués justifiaient qu'ils soient discutés. Je trouvais anormal que cette pratique démocratique n'existe pas.

À la lettre « O » il était inévitable que Michel Rocard revienne sur cette réforme de l'orthographe qui a tant fait ricaner les milieux politiques et culturels (en particulier ce fin lettré qu'est François Mitterrand). Le chapitre qu'il consacre à ce mot fait onze pages, c'est dire son intérêt pour le sujet mais aussi sa manière de répondre avec le recul à ses détracteurs. Après un long dégagement sur « l'usage » plutôt que l'histoire de notre langue, Michel Rocard justifie de la réformer par le besoin de la simplifier. Ses arguments ne manquent pas puisque, dit-il, « notre langue démontre ses incohérences et ses désordres ». Et de citer Proust qui par goût de la provocation continuait d'écrire « nénuphar » avec un « f » quand l'Académie recommandait déjà de l'orthographier avec un « ph » ! N'est-ce pas l'écrivain Paul Valéry qui, furax, dénonça dans l'entre-deux-guerres notre « criminelle » orthographe ? Pas de véritable réforme toutefois mais « une politique de rectifications » systématique en s'appuyant sur la légitimité de l'Académie française déjà rodée au sujet. En 1740, elle besogna une année entière sur quelque 6 000 mots suspects pour en changer l'orthographe. Et l'usage suivra. Inutile ici d'aligner les exemples, ce serait trop long. Toujours est-il que c'est sur l'argument de la traduction que Rocard convainquit son monde.

> Il existe un travail industriel sur la langue que l'ordinateur est en train d'arranger à sa façon. Les innombrables anomalies, exceptions et

illogismes de notre orthographe exigent dans le logiciel des boucles informatiques particulières. La traduction automatique du français coûte deux fois plus cher que celle de l'espagnol, de l'italien ou de l'allemand. C'est insoutenable pour le marché de l'édition, premier prescripteur de notre langue à l'étranger.

Tout va plutôt bien dans la préparation de la réforme jusqu'au 11 décembre 1990. Rocard écrit :

Ce jour-là François Bayrou ouvre le feu dans *Le Figaro* en incriminant mon autoritarisme. Il oublie de dire que c'est l'Académie qui fait le boulot. Jean d'Ormesson prend le relais, fédère autour de lui les écrivains contre ma réforme. Bernard Pivot démissionne du Conseil supérieur de la langue française, c'est la bérézina. Heureusement le courageux Pierre Perret écrit une chanson très drôle pour célébrer la « rectification ». Malgré tout l'Académie s'y prend à deux fois pour finalement voter d'une très courte majorité la réforme grâce à l'influence personnelle et politiquement inattendue de Maurice Druon, son secrétaire perpétuel. L'affaire est entendue.

Cette séquence vaut par son caractère très franco-français. Dans la francophonie non hexagonale ça rit sous cape. Quel autre pays que le nôtre souffrirait d'avoir à se battre sur des questions orthographiques ? Quel autre chef de gouvernement aurait pris sur lui de se frotter à pareil sujet ? Lui l'a fait, sans état d'âme et dans le souci probable de laisser une trace dans l'Histoire, c'est de bonne guerre. Ce n'est pas un hasard si Michel Rocard a suggéré à François Mitterrand de retenir le nom de son ami historien Alain Decaux comme ministre de la Francophonie de son gouvernement.

> Je n'aurai pas écrit ce chapitre sans une grande tristesse. Le déclin de ma belle langue est pour moi une souffrance. Mais au moins aurai-je appris où se niche le déclin français : dans l'arrogance pédante et dogmatique de ceux qui, sans compétence réelle, se sont approprié la défense d'un monument étonnant à la naissance et à la vie duquel ils refusent de comprendre quoi que ce soit. [...] J'ai vécu là

la plus inattendue, la plus incongrue, mais la plus drôle aussi de mes aventures politiques.

Du Rocard dans le texte.

À la demande du Premier ministre, Alain Decaux avait une tâche plus discrète à accomplir : venir le soir (parfois accompagné de son directeur de cabinet Yves Aubin de La Messuzière) recueillir à Matignon le récit quotidien de l'activité frénétique du chef de gouvernement.

Et puis, un jour, Michel Rocard décide d'arrêter. On ne saura jamais rien de ces heures d'enregistrement pourtant destinées à laisser une trace dans l'Histoire.

À la lettre « M », pas de « mariage », et encore moins de « mariage pour tous ». Normal, il ne sera décidé qu'en 2012, sous le mandat de François Hollande. On aurait toutefois aimé qu'il prenne prétexte de ce *Dictionnaire* pour nous confier le fond de sa pensée sur les réformes sociétales, les questions de mœurs, des sujets qu'il a souvent, par pudeur, évacués au profit de dossiers plus techniques comme celui des retraites ou moraux comme celui réglementant les modes de financement des partis politiques. Il faut tout de même savoir que Rocard, c'est son droit, n'a jamais été favorable au mariage entre personnes du même sexe.

Idem à la lettre « R », rien sur le RMI (devenu RSA en 2009) dont il est l'inventeur. Nous sommes en 2015, c'est-à-dire vingt-sept ans après le vote d'une loi qui permit à la puissance publique de protéger les plus démunis de l'extrême pauvreté.

On aurait tant aimé qu'à l'occasion de ce *Dictionnaire* cette grande réforme économique et sociale du siècle dernier soit politiquement revisitée à l'aulne de ses effets. Le temps et la force lui ont manqué. Le jus de crâne rocardien aurait certainement permis qu'un débat sérieux se tienne, en sa présence, et au plus haut niveau intellectuel, juste pour savoir si, au bout du compte, son inspirateur avait visé juste et bien.

Il en fut question en marge de l'enregistrement de l'émission « À voix nue » sur France Culture en 2013. Ce jour-là au cours du déjeuner au Zebra qui suivit, son ancien ministre Brice Lalonde nous a rejoints. Quand le sujet arriva sur la table Michel Rocard eut des mots presque désabusés sur l'application de sa réforme.

> C'est un bouclier social génial contre la généralisation de la pauvreté. Qu'en serait-il aujourd'hui des plus pauvres si ma loi n'avait pas été mise en application ? C'est bien beau de critiquer les assistés, mais sans elle on serait dans le chaos. La question qui en revanche me taraude est essentiellement philosophique, mais, j'en conviens, il y a quelque perversité à faire en sorte d'obliger la puissance publique à subvenir aux besoins économiques de tout un chacun.

Quelle actualité ! Mais ce jour-là sa tête de désenchanté en disait plus long sur l'état de sa réflexion sur la solidarité nationale que tous les discours politiques officiels sur la question.

Brice Lalonde changea de sujet pour le taquiner sur la Bop, ce drôle de vocable que Rocard inventa au début des années 1980 pour qualifier la « bataille pour l'organisation de la planète » qu'il entendait mener. Il paraît que Mitterrand, jamais à court de commentaires sarcastiques sur les faits et gestes de son Premier ministre, souriait de la trouvaille. Pour quelque temps la Bop était devenue le pendant du Bip-Bop, ce téléphone portable vert et noir qui au même moment faisait les délices des ingénieurs des télécoms, mais dont l'exploitation commerciale se conclut par un cuisant échec.

La Bop de Rocard aura toutefois permis de marquer les esprits en mobilisant la quasi-totalité des pays de l'ONU pour, à La Haye, commencer à batailler sur la protection de la planète. L'acronyme, lui, est passé à la trappe. « Pourtant ça sonnait bien », répondit mollement l'inventeur à son ancien ministre de l'Environnement.

Un article pour le "Dictionnaire"

—

Démission en blanc

Dans ma jeunesse d'étudiant en droit, accompagnant notre changement de République, de la IVe à la Ve, une rumeur étrange a circulé beaucoup : il serait arrivé à

Charles de Gaulle →

Président de la République, de demander au nouveau Premier Ministre qu'il venait de nommer de lui remettre une lettre de démission non datée.

(cette rumeur)

Surprenante après tout : imaginait chez le Président français qu'un des actes de confiance les plus forts qu'il ait à accomplir, nommer un Premier Ministre, soit accompagné au même moment d'un acte de défiance de densité analogue, demander sa démission pour une date inconnue au même individu et lui demander au même moment…

Voilà qui poussait à imaginer une longue scène silencieuse d'échanges de regards tendus… Mystérieuse de

difficilement

plus parceque invérifiable, cette rumeur étant en outre à l'évidence confortée par un fait curieusement

patent

: la dimension d'étrangeté qu'elle colporte est au fond bien assortie à l'étrangeté personnelle de Charles De Gaulle lui même, l'embusqué de l'histoire aux réactions parfois imprévisibles… Dans un tel assemblement d'éléments étonnants il en est un dernier qui au fond vient encore

ajouter à la plausibilité de

la rumeur en cause…

La Constitution dont on examine ici les modalités d'application est celle de la Ve République. En tant que telle elle a été profondément voulue par le général De Gaulle, & l'a même voulue avec une grande précision. Plusieurs fois dans l'histoire, en commençant à Bayeux en 1946 il a même décrit assez en détail la Constitution objet de ses voeux. Elle est rédigée douze ans après, par un comité dont il a approuvé la nomination personnelle de

Qui au sein des nouvelles générations nées en ce début de troisième millénaire sait que ce gros fumeur fut aussi l'instigateur de la loi anti-tabac, de la CSG, de la paix en Nouvelle-Calédonie, du compte individuel de formation, de la réforme d'Air France et des PTT, du livre blanc des retraites, du revenu minimum d'insertion surtout ? Bien peu. Mais lui est déjà persuadé que le plein-emploi est un leurre et qu'il va falloir demander à la puissance publique d'assumer ses responsabilités pour protéger les plus démunis.

D'ailleurs en 2010 Rocard en veut encore à son compère socialiste Dominique Strauss-Kahn d'avoir tenté de s'approprier l'origine de l'idée du RMI pour mieux asseoir sa posture de futur présidentiable socialiste. Le 2 juin de cette année-là, il lui faut rappeler dans une correspondance écrite à l'adresse de l'imposteur que le projet n'est pas né dans le cerveau du futur patron du FMI mais au sein même du courant rocardien lors du congrès de Toulouse en 1985. DSK n'en savait rien, ou ne voulait pas se le rappeler. L'ancien Premier ministre n'aime pas se laisser dépouiller par cette génération qui, juste derrière lui, rêve toujours d'incarner une social-démocratie vierge des âcres combats qu'il a menés au sein de la deuxième gauche.

Il a maintenant 80 ans et décide sur un coup de tête d'aller les fêter chez son vieil ami Éric Westphal, inspecteur général du théâtre rencontré sur les bancs de l'école alsacienne en 1937. Il est aussi et surtout son complice en 1959 quand, en Algérie, le jeune inspecteur des finances Michel Rocard prend le risque de dénoncer les tragédies qui se déroulent dans les camps de regroupement mis en place par l'armée française pour isoler le FLN, partisan de l'indépendance. C'est Westphal qui fait le nécessaire pour que le rapport de son ami soit remis hors hiérarchie au délégué général du gouvernement français Paul Delouvrier. Une fuite est organisée, la presse parisienne s'en empare, le ministre de la Justice Edmond Michelet ne décolère pas contre les agissements de l'armée et les camps sont fermés.

Rocard sauve ainsi quelques milliers de vies. Le Premier ministre Michel Debré, muet jusqu'alors, est obligé d'en répondre. Ce petit rappel pour signifier que les amitiés de Michel Rocard sont souvent ancrées dans des épreuves bien particulières, souvent très intimes et qui n'ont pas grand-chose à voir avec la guérilla politique.

À cette soirée d'anniversaire préparée par Sylvie Rocard et Martine Westphal, l'octogénaire en profite pour livrer ses états d'âme :

> Le débat politique d'aujourd'hui en France me donne le cafard. Notre greffe rénovatrice n'a pas assez pris, je préfère discuter d'autre chose parce que l'occasion s'y prête et qu'il est grand temps d'en parler : l'amitié.

C'est mot pour mot ce qu'avait déclaré Ivan Illich à Francfort pour la célébration de ses 70 ans. L'auteur de *La Convivialité* n'avait pas ce soir-là de mots assez généreux pour souligner qu'« après des vies denses, épiques et douloureuses, après que la politique nous a déçus, seuls comptent l'amour et l'amitié ».

Rocard veut renouer avec le temps long « et ce sont les amitiés qui le façonnent ». Il en égrène alors une bonne quinzaine devant 225 personnes venues lui rendre hommage. Beaucoup découvrent leur Michel sous un visage beaucoup plus perméable aux sentiments et à l'affect, un homme amoureux et libre. Il faut l'entendre ce soir-là évoquer le souvenir de son vieil ami Jacques Bugnicourt, disparu quatre ans plus tôt, pour comprendre que sans lui il n'aurait « certainement pas rencontré l'Afrique ». Puis c'est au tour de Pierre Mauroy, José Bidegain, « le premier à m'avoir fait connaître réellement l'entreprise », Henry Hermand, Stéphane Hessel, Jacques Delors d'être longuement cités. S'agissant de l'ancien président de la Commission européenne les heureux convives seront contents d'apprendre que l'ancien Premier ministre fut son « factotum et son agent sous pseudonyme pendant deux ans pour pouvoir approcher au plus près les milieux syndicaux, et en particulier Edmond Maire ». Chacun a le droit d'entendre un souvenir, une marque de reconnaissance, un sous-entendu personnalisé. Felipe Gonzalez, pour l'avoir encouragé à aller jusqu'au bout de cette si précieuse réunion de La Haye en 1989 : « Sans lui je n'aurais peut-être pas réussi à convaincre les chefs de gouvernement présents de signer l'appel pour sauver la planète. » *Idem* pour Robert Hawke, Premier ministre d'Australie, « en qui j'ai pu avoir davantage confiance qu'en mon propre ministre des Affaires étrangères [Roland Dumas] pour entreprendre de sauver l'Antarctique ». Puis c'est au tour du fidèle Claude Évin, ici distingué pour avoir réussi à faire voter la loi anti-tabac alors qu'il ne cessait à l'époque « d'allumer cigarette sur cigarette » ; de Robert Chapuis, Nicole Notat, Jacques Attali, Jean-Paul Huchon, Christian Blanc (« longtemps mon second et dont l'errance me peine »). Puis c'est le tour de François Soulage, Lionel Jospin, Michel Euvrard, l'éternel complice Tony Dreyfus, Michel Dubois, Roger Godino, Alain Bergounioux, Guy Carcassonne, le fidèle Pierre Encrevé, Jean Daniel et Jacques Julliard…

Et le voilà qui change de registre pour s'atteler à des fidélités anciennes et pour certaines inattendues : Antoine et Simone Veil, Jean-Marie Cavada, Pierre Rosanvallon, Alain Touraine, Jorge Semprun, Jean-Jacques Goldman, Jacques Dutronc et Françoise Hardy, Patrick Bruel, Guy Bedos, Michel Fugain et Fabrice Luchini. À eux tous il rappelle, ému, que « seuls les êtres comptent, et plus encore ceux qui sont capables ensemble de produire pour le bien commun. C'est notre honneur » et, montant d'un ton, il ajoute :

> C'est clair que l'envie de changer le monde me tient depuis quatre-vingts ans. Et ne vous moquez pas de moi, vous l'avez tous eue cette envie-là. Mais force est d'avouer, ici devant vous, que pour ce qui est de changer le monde, c'est plutôt raté.

Un rire jaune mais pudique s'empara de l'assemblée. En quelques secondes cette fugace hilarité s'est transformée en caisse de résonance de sa joie et de son mal de vivre réunis.

On n'entendit pas les noms, ni les sons de voix de Manuel Valls, Stéphane Fouks ou Alain Bauer, ces jeunes et pimpants mousquetaires du rocardisme qui déployèrent leurs ailes dans les années 1980-1990. Qu'ont-ils fait de mal pour passer à la trappe de sa mémoire ? Trop ambitieux ? Peut-être. En attendant c'est Valls qui trinquera pour les autres.

« La grande politique ne peut être conduite qu'en référence à une morale. »

Le Nouvel Économiste, avril 2004

Il aime encore et toujours « remettre l'église au milieu du village », surtout quand il faut sonner les cloches des démocrates-chrétiens. Quand Rocard revient d'un périple au Vietnam et en Thaïlande le 2 décembre 2007, il découvre en rentrant qu'au nom de l'UDF François Bayrou entend se déclarer candidat à la prochaine échéance présidentielle. C'est son droit. Mais le leader centriste propose carrément et publiquement une solution pour damer le pion à la droite et à la gauche : faire alliance avec Nicolas Hulot, Michel Barnier et Michel Rocard. Ce dernier sort alors de ses gonds et lui torche une lettre datée du 5 décembre pour mettre les points sur les *i* :

> Je n'accepte pas qu'il soit sous-entendu que je puisse constituer, même pour partie, l'esquisse

de l'ébauche d'une improbable solution politique avancée par un centrisme auquel tu crois. Malheureusement pour toi il n'y a pas de forces politiques sans racines. Celles de la démocratie chrétienne ont été piétinées et massacrées par de Gaulle et le vrai centrisme ne s'en est jamais remis. Tu incarnes à l'évidence la culture possible d'un centrisme re-né de ses cendres avec la possibilité qui ferait sa force de changer d'alliances. C'est une œuvre de salut public et je te souhaite bon courage, sincèrement.

Au fil du temps, il nettoie le paysage, griffe au passage tous les préjugés, préfère fumer le calumet de la paix avec lui-même plutôt qu'avec ceux dont il sait déjà que sa propre histoire ne les intéresse plus. Alors il écrit.

On dirait toutefois qu'à la faveur du temps qui passe les socialistes issus du congrès d'Épinay découvrent sur le tard quelques facettes vertueuses de sa personnalité ; comme si, à la mort de François Mitterrand en janvier 1996, ses survivants découvraient à la longue et en même temps la profondeur du bonhomme et leur erreur.

Un exemple. Le 5 novembre 2007 Rocard reçoit une lettre de la très mitterrandienne Georgina Dufoix avec laquelle il entretenait des rapports uniquement cordiaux. Néanmoins, l'ancienne ministre des Affaires sociales, protestante déclarée, prend sa plume pour lui révéler qu'en août 1988, c'est-à-dire quelques semaines seulement après qu'il fut nommé Premier ministre, celle à qui le président de la République avait confié de clôturer le dossier délicat du contentieux des enfants franco-algériens de couples séparés privés de droits déclare, près de vingt ans plus tard, à son ancien patron du gouvernement que le 12 de ce mois-là elle eut au cours d'une douloureuse réunion en sa présence la révélation de sa foi. « Tout à coup, lui écrit-elle, une grande souffrance me coupe littéralement en deux. Et ne sachant que faire je dis simplement : "Jésus, si ton histoire est vraie, c'est le moment de venir." Voilà que l'incroyable amour de Dieu me remplit alors avec une force et une paix que je n'avais jamais connues, les écailles sont tombées... exactement comme Paul sur le chemin de Damas. » Georgina Dufoix conclut sa lettre en exprimant « sa reconnaissance à celui sous l'autorité duquel j'étais ce jour-là ».

On imagine l'embarras de Michel Rocard quand il dut lui répondre. Lorsqu'il le fit un mois plus tard, c'est d'abord pour s'excuser de ce retard et le mettre sur le compte d'un emploi du temps « frénétique ». Puis, en quelques phrases seulement, il lui oppose sans émotion particulière sa propre vision des choses face à cette révélation qu'elle nomme « l'amour de Dieu ».

> Ce n'est guère mon propre cas. Je n'ai pas trouvé de raison de sortir d'un agnosticisme paisible parfaitement compatible avec les exigences éthiques et morales qui découlent de la culture évangélique. En tout cas toi-même n'as pas vu dans cet éclairage nouveau de ta route une contradiction avec l'appartenance à mon gouvernement ! Nous sommes donc distincts l'un et l'autre plus par le degré d'intensité que par les principes majeurs.

Qui aujourd'hui pourrait en termes similaires, et entre deux êtres si peu familiers mais de même obédience religieuse, traiter un sujet si personnel dans une correspondance laissée au fond d'un carton ? Toujours est-il que ce surprenant échange manuscrit met en lumière un Rocard plus assuré qu'on ne l'imagine sur la question métaphysique.

Cette assurance, il la confirme dans une note étrangement intitulée « Au cas de mon décès », rédigée le 19 août 2013, complétée le 16 septembre 2013 et après avoir à deux reprises été victime d'attaque cérébrale. Une fois dressé avec une extrême précision l'état des lieux en seize points de sa situation, à savoir de ce qu'il lègue à sa femme et à ses enfants, l'auteur conclut son *vade-mecum* par un dix-septième point en abordant à proprement parler la question des obsèques.

> J'ai été choqué et j'ai combattu ma vie durant cette dérive du rationalisme déraciné de l'éthique et même du mystère, à produire de l'absolutisme à vocation totalitaire. Il faut transmettre un autre héritage.

Cet héritage, il souhaite le célébrer à travers une cérémonie religieuse protestante. Il avait préalablement pris soin d'adresser au pasteur Morlay de l'Église réformée du Luxembourg une « fiche à cet égard » et d'informer ses amis de confiance, Pierre Encrevé et Tony Dreyfus, de la funèbre charge qu'il a décidé de leur confier. Aucune improvisation, tout est calé, fixé, boulonné. Il en est de même avec l'état de ses comptes qu'il lègue en toute transparence à sa descendance. Tous les chiffres y sont recopiés avec méticulosité, à la main, et répertoriés au centime près sur quatre colonnes, comme seul un inspecteur général des finances en est capable. Du grand art.

Néanmoins, en juillet 2014, cet homme défait mais lucide exprime froidement le déshonneur qu'il ressent d'appartenir à la communauté des vivants :

> J'aurai largement vécu le siècle de la honte, la boucherie de 1914-1918, la Shoah, le Goulag, les génocides du Cambodge, du Rwanda, de Bosnie, l'acquiescement tacite de la communauté internationale à l'assassinat de la nation palestinienne, l'échec répété de la même à entreprendre le dur combat nécessaire contre l'effet de serre, contre les catastrophes créées par la spéculation financière et contre l'impuissance à sortir l'Afrique et l'essentiel de l'Asie du sous-développement… Derrière tous ces drames, l'immoralité aussi bien humaine que

> financière. La référence première à la raison n'a pas produit l'éthique. Même les socialistes, dont l'espoir découle pourtant d'une morale, n'ont pas su produire un code respecté de références collectives. Ils acceptent même que la raison couvre la plus criminogène de nos valeurs collectives, la souveraineté nationale.

Cruel pour la gauche, cruel pour la nation française tout entière si peu concernée par l'esprit ouvertement, foncièrement universaliste de Michel Rocard.

> Je ne crois plus en aucune transcendance et je suis devenu agnostique. Mais je constate que l'humanité n'a pas su trouver en elle-même les sources d'une morale de la vie. Empiriquement cela ne se transmet qu'avec l'acceptation du mystère et l'évocation d'un ailleurs. Certaines religions font encore cela mieux que la raison. Toutes ont erré et péché comme elles disent. Celle qui m'accueillit, le protestantisme, m'est souvent apparue comme l'une des moins coupables dans l'asservissement des hommes et notamment, critère majeur, celui des femmes.

Quel autre homme d'État s'est épanché de manière aussi personnelle sur un sujet qui l'est tout autant ? Aucun. Ce jour-là, à Bougival dans les Yvelines, un homme de 83 ans pétri d'amour et de douleur pour son prochain a voulu aller jusqu'au bout de son *parler vrai* en se l'appliquant à lui-même, sans fleur et surtout sans couronne.

Cette même année Michel Rocard commence à régler d'autres comptes, ou plutôt à pousser encore plus loin sa pratique légendaire du *parler vrai* à l'endroit de ceux dont il croyait avoir l'oreille. Il y a chez lui comme une fascination pour la vérité, une authentique envie d'en découdre avec les faux-semblants. C'est parfois déroutant, mais il faut savoir que, de sa part, ce n'est jamais vraiment désobligeant ni venimeux de vouloir l'afficher ou la déclarer à tout bout de champ. Il est un peu comme le duc de Saint-Simon qui, au seuil de l'écriture de ses *Mémoires*, ne pouvait s'empêcher ici de rédiger un projet de gouvernement pour le duc de Bourgogne, là une note argumentée à Louis XIV lui signifiant l'existence en province d'un « tombereau » de misère. Rocard est un peu le Saint-Simon du XXIe siècle, la flamboyance et les apparats du XVIIIe en moins.

Ça commence avec l'ancien premier secrétaire du Parti socialiste devenu président de la République.

Le 4 juin 2014, il décide donc de reprendre langue avec « son ami » François Hollande, locataire depuis deux ans de l'Élysée. Voulant sincèrement l'aider, Rocard joue le conseiller occulte, libre de toute attache partisane, certain que son expérience peut faire la différence pour l'aider à prendre quelques décisions. Comme à son habitude il plante un décor apocalyptique du sujet qui justifie sa missive (en l'occurrence « notre étranglement par la dette », « la poudrière iranienne ») et, avec force arguments, se met littéralement à commander le chef de l'État.

> Dès que la France seule apparaît demanderesse, elle est vaincue. Louis XIV, Napoléon, de Gaulle : nous avons trop emmerdé le monde. La réelle arrogance française laisse des traces toujours pénibles. Nous ne pouvons mener et gagner cette bataille de la dette que noyés parmi sept ou huit pays et sans visibilité de commandement. Tu as une obligation personnelle

> de silence absolu sur le sujet, mais tu donnes explicitement à Valls mission et latitude d'envoyer secrètement une mission où ne figure aucune personnalité visible, surtout politique, à Bruxelles, Francfort, Berlin, Rome et Madrid à tout le moins. La réussite d'une telle mission exige qu'elle soit définie et conduite comme technique et non comme politique. À toi de dire, à Valls et à moi limitativement [*sic*], si tu décides que l'on tente au moins l'essai ou pas.

De Bougival, où l'ancien Premier ministre réside donc avec Sylvie et ses chiens, il a installé un camp retranché du pouvoir, mais il n'y a que lui-même pour le savoir. Paradoxalement on notera au passage l'extrême lucidité d'un homme capable, des heures durant, de tout donner de sa science et de ses connaissances pour sans cesse distiller des solutions tangibles à un homme d'État empêtré dans sa fonction. Nicolas Sarkozy, François Hollande ou Emmanuel Macron avaient-ils conscience qu'ils avaient gracieusement à leur disposition le clone d'une excellence de chez McKinsey pour auditer les pans entiers du pays et leur préconiser une feuille de route en béton armé ?

Mais revenons un instant sur la chute surréaliste de cette lettre adressée à celui qui fut tout de même un compagnon de route socialiste pendant près d'un demi-siècle.

> Voilà pour aujourd'hui.
> Cher François, je ne sais pas très bien si la relation qu'il y a entre toi et moi peut s'appeler de l'amitié. Mais pour ma part j'ai adhéré à la social-démocratie en 1949, voilà 64 ans. Ma fidélité restera inflexible. Dans le désordre actuel je ne veux être que légitimiste. Et lors de l'investiture, j'avais voté pour toi, face à Martine et même Manuel. Mon dernier rêve est de t'aider à sauver l'essentiel. Fais de tout cela ce que tu peux et ce que tu veux.
> Sur ces deux points évoqués [la dette et l'Iran] j'ai besoin d'une réponse, même négative mais claire. Prends du temps. Éloigne-toi de la politique politicienne. Il t'arrive de parler trop.

Sans cette dernière phrase qui tombe comme un couperet, probablement que le destinataire se serait fendu d'une docte réponse. Mais avec, il devait savoir qu'il n'en aurait pas.

Son *parler vrai* est un repoussoir depuis que le *politiquement correct* a étouffé la langue socialiste et protégé les susceptibles. Dans cette missive « fraternelle » son *surmoi* politique s'est juste carapaté au mauvais moment, mais le mal est fait. Incompréhensible.

François Hollande n'a pourtant pas été chien avec lui. En lui remettant l'année suivante la grand-croix de la Légion d'honneur, le président de la République en exercice l'a honoré de la plus belle manière qui soit : dans la salle des fêtes de l'Élysée en présence de trois cents invités de son choix triés sur le volet. Hollande a même accepté qu'à sa demande le récipiendaire lui réponde après le discours d'usage, une entorse à la coutume républicaine que Rocard apprécia à sa juste valeur.

Un torrent d'émotion submerge l'assistance quand, après un signe amical venant le lui signifier, le récipiendaire grimpe sur l'estrade dressée pour l'occasion dans cette salle qui à l'époque ressemblait encore à une vraie salle des fêtes.

Les traitements médicaux que lui infligent ses médecins pour le guérir d'un cancer des poumons en font un homme abîmé mais digne, très digne. Il ne sait s'il faut rester debout ou s'asseoir, sourit mécaniquement à l'adresse de ses enfants qu'il repère au premier rang, s'il doit se figer instantanément eu égard à la solennité de l'instant, mais peu importe, le chef de l'État en exercice met rapidement à l'aise son ami, « le rêveur réaliste », en usant de tous les bons mots dont il est capable pour détendre l'atmosphère. Après avoir salué un nom devenu un « emblème », François Hollande ne peut dès son entame s'empêcher d'ajouter à l'adresse de ces visages encore immobiles : « Il y a ici sans doute des rocardiens, et quand on a été rocardien un moment dans sa vie, on a dû le rester toujours… J'entends déjà des approbations. »

Pendant plus d'une heure le président de la République remet à sa juste place Michel Rocard dans l'histoire du socialisme. Manière délicate de signifier aux ouailles rocardiennes qui lui faisaient face qu'elles s'étaient un peu perdues ou éloignées de leur mentor. L'adresse est suffisamment habile pour que chacun se perde en conjectures sur le rocardisme contrarié du président. Dans son discours le chef de l'État se plaît et se complaît néanmoins à soulever l'original de la statue, voire à la restaurer devant un parterre de compagnons de route et d'amis à qui il ne doit pourtant pas grand-chose. De ces deux anciens premiers secrétaires du Parti socialiste ici présents sur l'estrade, il était difficile de ne pas imaginer que le vainqueur consacré par le suffrage universel n'ait pas été traversé par un fugace sentiment d'imposture. À voir François Hollande dérouler son discours d'une manière aussi habitée, on se prend à penser que l'un aurait dû être à la place de l'autre et réciproquement.

Ce jeu d'équilibre, subtil et inédit, n'a pas empêché le président de la République socialiste de le fixer droit dans les yeux l'espace de quelques secondes pour lui dire : « Vous avez toujours pensé plus vite que les autres au risque d'irriter. C'est très désobligeant d'être plus intelligent que les autres et je le dis pour tous ceux qui auraient cette vanité : il ne faut jamais montrer son intelligence, il faut l'avoir tout simplement. »

Michel Rocard ne savait plus si François Hollande lui adressait personnellement la sentence ou s'il la destinait à lui-même. Le visage du récipiendaire était bouffi de perplexité. Toujours est-il que, reprenant le cours des choses, le chef de l'État semblait affecté d'être le dernier gradé de sa génération à pouvoir le célébrer d'aussi belle manière : « Vous continuez à surprendre, vous êtes là où on ne vous attend pas, vous publiez des textes qu'on n'a jamais lus, vous avancez toujours, intrépide, infatigable malgré les épreuves physiques. Rien ne vous arrête. »

Sauf sa mort, désormais en embuscade. Elle viendra le cueillir exactement huit mois plus tard.

Attendant, figé, la réponse inédite du décoré de la grand-croix, François Hollande était tout ouïe, exceptionnellement grave. Et ce n'est pas injure de dire que ce n'est pas son habitude en pareille circonstance protocolaire.

Michel Rocard passe alors en revue la somme de ses réalisations en expliquant d'abord en quoi la gauche française est singulière : « parce qu'elle est née de l'accouplement unique entre le marxisme et le jacobinisme ». Raccourci insuffisant pour dérouter les historiens présents, mais rappel suffisamment tranchant pour comprendre à demi-mot les racines de son destin, l'inconfort idéologique qui fut le sien, sa désarmante quête de reconnaissance au moment où la page se tourne. Ému à en pleurer, il reprend son souffle, opère un dégagement anthropologique alambiqué sur son « projet de société pour l'homme, cet animal social doté d'esprit » ; puis conclut sur une chute pour le moins inattendue qu'il faut ici relire pour en saisir la portée :

> Monsieur le président de la République, voilà bien longtemps que l'humanité semble avoir compris que les pics de son histoire sont les sommets de l'art. Il est de l'ordre de la vie, dès qu'elles sont matériellement assurées, de se suffire de ces satisfactions-là. [...] Qu'elles soient solitaires ou collectives, de ces satisfactions tirées de la vie de l'esprit aucune ne consomme de ressources ni d'énergie, ni même ne produit de gaz à effet de serre.

Un cheveu venait une fois encore de tomber sur la soupe. Rien de grave. C'était seulement du *parler vrai* cinglé sur un mode subliminal et amicalement adressé à celui qui pourtant venait de lui tresser quelques couronnes. Lui, l'amoureux de Paul Valéry, du *Marsupilami* de Franquin et plus tard de Pierre Soulages, n'a pas aimé que la culture ne soit plus au cœur du projet socialiste : « Il nous faut du beau, quelque chose qui nous dépasse, c'est dans la nature de l'homme d'aller creuser le mystère. Ça, il faut admettre, Mitterrand l'avait compris » (en aparté avec l'auteur en juin 2013).

Il n'en reste pas moins que cette cérémonie à deux voix fut « une sorte de moment de grâce », comme l'ont raconté à l'auteur les plus familiers du rocardisme flamboyant, Patrick Viveret, Alain Bergounioux, Jean-François Merle, Sylvie Hubac, Bernard Poignant et Judith Pisar[1].

Quelque temps après son décès, le 2 juillet 2016, et à la demande de sa femme Sylvie, le président Hollande encore en fonction est venu en personne saluer en Corse sa mémoire. Il avait en effet décidé que ses cendres seraient enfouies en Balagne, plus précisément à Monticello sous une stèle dessinée par son ami Pierre Soulages. Nul doute qu'à ce moment-là, face à la mer et après que Jacques Dutronc, présent en voisin lors de la cérémonie, a pu dire tout haut en guise d'adieu « un Rocard sinon rien ! » Hollande eut le temps de mesurer tout ce que l'ancien patron du PSU a représenté pour la gauche, et par ricochet ce qu'il lui a (r)apporté.

---

1. Son fils, Antony Blinken, actuel secrétaire d'État auprès du président Joe Biden, lycéen à Paris dans les années 1980, était devenu un admirateur inconditionnel du leader de la deuxième gauche.

HOTEL
Dollenberg
★★★★★ S

ABSENDER IST GAST DES HAUSES

Monsieur le Président de la République
mon cher François –

Naturellement il faut être "Le Point" pour oser faire de la constatation d'une filiation Mitterrandienne l'équivalent d'une insulte.

La petite tirade que je me suis permise – qui était "off the record", première indélicatesse du Point – voulait aussi [illegible] du pouvoir explicatif que possède la description des différences de nos familles d'esprit pour comprendre la situation présente. Celle de François Mitterrand la tienne, est d'abord avec la politique une relation plus puissante et plus efficace que ce n'est le cas dans la mienne – Il a gagné. Tu as gagné. C'est énorme et ça force le respect, y compris bien sûr le mien. C'est compatible avec le fait que l'économie, la sociologie ont plus de place dans nos préoccupations et nos cultures – Rendès, Delors peut être, et moi, que dans la vôtre. Il reste aussi que la grande maîtrise du moment, de l'instant, de la quotidienneté, qui vous a fait gagner s'accompagna d'une moindre sensibilité au temps long (1). Nous étions de bons gestionnaires et de mauvais candidats. Dans ta famille, ça confine à l'inverse. Je souhaitais et souhaite toujours contribuer à combler un peu cette différence, qui est pour sa part une source d'affaiblissement, donc explique en partie des débats inconvenants.

Le fait pour "Le Point" de rappeler tout de même peut être pour se faire pardonner, les vertus que j'exalte chez Jean Marc, est sans doute pour ce journal l'alibi qui lui permet de passer sous silence la part de ma propre tirade, où je raconte et explique ta victoire, argumentant ainsi [illegible] te porta.

Si cette mauvaise manière du Point [illegible]
à la hâte, [illegible]
d'agression [illegible]
de méchanceté

(1) l'admiration qu'elle suscite chez moi et le respect que je

un peu

J'en suis profondément navré

HOTEL DES JAHRES 2004

RELAIS & CHÂTEAUX

77740 BAD PETERSTAL-GRIESBACH IM SCHWARZWALD · GERMANY
TELEFON (49) 0 78 06 / 78-0 · FAX (49) 0 78 06 / 12 72 · INFO@DOLLENBERG.DE · WWW.DOLLENBERG.DE

HOTEL
Dollenberg
★★★★★ S

J'en ai moi même été choqué en la découvrant à l'inst

ABSENDER IST GAST DES HAUSES

Naturellement tu as d'autres choses à faire, et qu'au Mali notamment tu fais superbement. Si néanmoins tu souhaites que nous trouvions un moment pour reparler de tout cela, je suis bien sûr à ta disposition.

~~Respectueusement et cordialement~~ amicalement à toi.

Toujours bien

M Rocard

P.S. Je saisis cette occasion pour joindre à cette lettre un article, sur le Mali justement, que je viens d'envoyer au Monde. Comme il est un peu long, je ne sais pas s'ils le passeront, mais je tiens à ce que tu en aies connaissance.

(1) La priorité absolue à l'évènement et le besoin de résultats immédiats contribuent à empêcher que l'on prenne et [illegible] le temps de la réflexion, le temps de la préparation attentive de l'action et le temps d'attente de résultats progressifs—

On ressasse sans cesse la médiocrité des rapports qu'entretenaient François Mitterrand et Michel Rocard. Tout ou presque a été dit. Mais on ne parlera jamais assez de la relation *a priori* contre-nature entre l'ancien Premier ministre et Nicolas Sarkozy. Elle a pourtant eu lieu et a duré presque aussi longtemps que le quinquennat du chef de l'État élu en 2007. Pour avoir en commun une fascination quasi shakespearienne à l'endroit du pouvoir, comme un sens prononcé du besoin d'être considéré et aimé, ces enracinés de gauche et de droite (dont l'un pourrait être le père de l'autre) ont essayé ce que personne d'autre avant eux n'avait tenté : bosser ensemble pour le pays sans se cacher. Deux aimants puissants aux deux sens du terme qui s'attirent, s'accolent et s'éprouvent pour le meilleur, mais aussi pour le pire. En 2008, l'Europe vient d'encaisser un coup droit d'une extrême violence dégainé de Wall Street, entraînant la France dans une crise monétaire sans équivalent depuis 1929. Aucun mot n'est alors assez conforme à la situation pour qualifier ce que la majorité des Français ressent à l'endroit d'un Sarkozy qui s'ébroue jour et nuit pour chercher la parade. Rocard est bluffé. Comme si en plein chaos l'expertise économique reconnue de l'un souffrait de ne pouvoir venir au secours de celle plus politique de l'autre.

Ni l'un ni l'autre n'ont cure des commentaires malveillants qui commencent à circuler sur leur complicité. On peut le comprendre pour le successeur abhorré de Jacques Chirac, avocat de profession, et qui jusque-là n'avait pas eu l'occasion de se frotter à pareil désordre international. Résoudre cette crise était pour lui en revanche la bonne occasion d'incarner la fonction. Et l'espace d'une année, les Français lui en sauront gré.

C'est moins évident pour Rocard pour qui la dernière tentative désespérée de remplacer au pied levé Ségolène Royal pour affronter le même

Sarkozy un an plus tôt s'est soldée par une humiliation supplémentaire. Mais en retroussant de nouveau ses manches pour filer « un coup de main au pays », il va sciemment vouloir se refaire une virginité sur le dos de ses détracteurs tout en montrant qu'il en a encore sous le capot.

Toujours est-il que quatre ans plus tard, le 17 février 2012, et alors que Nicolas Sarkozy ne perd pas encore l'espoir d'arracher un second quinquennat, l'ancien Premier ministre de François Mitterrand lui adresse de son antre à Bougival un courrier tout empreint d'autosatisfaction commune. C'est la remise de son dernier livre *Mes points sur les i* qui lui en donne l'occasion. Il y raconte en long et en large tout le travail qu'il a mené avec Alain Juppé à la tête de la Commission du grand emprunt national ; sa mission diplomatique comme ambassadeur pour les régions polaires ; celle engagée auprès de Xavier Darcos, ministre de l'Éducation nationale, pour refonder le statut du personnel enseignant ; et enfin la tâche ingrate auprès du ministre de l'Écologie, Jean-Louis Borloo, d'avoir eu à assurer la présidence d'une commission d'experts sur la taxe carbone. Ouf.

« Il s'est joué pendant votre quinquennat entre vous et moi, écrit-il dans son incipit, un échange de rôles qui a quelque rapport avec la qualité de la démocratie. » Apparente banalité si ce n'est l'intérêt du signataire de s'attribuer le mérite de surplomber ce jeu de dupes, ou en tout cas ce qui apparaît comme tel. Et là, à sa manière, Rocard sait y faire, emporté qu'il est, seul devant sa feuille de papier, par son innocence et son inlassable bagout pour la chose publique.

> La France a beaucoup souffert de la brutalité fanatique avec laquelle est mise en œuvre chez nous l'opposition droite et gauche qui structure partout les démocraties contemporaines. Chez tous les autres on s'affronte tout en sachant travailler ensemble là où il n'y a pas conflit. Chez nous la poignée de main transfrontalière était une faute, le repas pris en commun une trahison et l'initiative sectorielle mais multi partisane une impossibilité. Jamais les talents politiques d'une moitié de la France n'ont contribué à enrichir le travail de l'autre, seulement à le minorer et l'affaiblir.

Et l'allégeance commence, avec au passage le désormais traditionnel coup de griffe malheureusement justifié à l'endroit du quatrième pouvoir. Ça ne mange pas de pain.

> Vous avez eu l'intelligence de le comprendre, et le courage de pratiquer l'ouverture, d'autant que la tradition intellectuelle d'affrontement qui caractérise notre pays, ajoutée à une pratique de la presse qui ignore nuance, subtilité et discrétion pour ne connaître que l'emphase et la caricature du combat, rendait probable que toute acceptation de votre ouverture soit d'abord interprétée comme une reddition, une trahison ou pire une transaction commerciale.

On imagine volontiers Sarkozy en train de se dire qu'il aurait pu tout à fait (faire) adresser le même texte à son expéditeur pour service rendu. Mais derrière l'intérêt politique compris des deux parties, la satisfaction d'avoir pu transgresser, régler quelques comptes et provoquer, mêler des histoires personnelles qui n'ont rien à voir entre elles, ressentir le souci sincère ou avantageux d'avoir pu jouer avec le feu, comprendre l'histoire et l'intérêt du pays : derrière tout ça il y a tout bonnement un Michel Rocard en plein désarroi.

> J'avais voulu vous prévenir loyalement que je ne pensais pas à modifier mes orientations fondamentales [*sic*]. Je suis social-démocrate pour des raisons socioculturelles encore plus internationales que françaises, vous avais-je déclaré… Vous avez accueilli cette déclaration de ma part avec un superbe éclat de rire complété par ce mot "évidemment". Ce seul mot suffisait à donner à l'ouverture une signification inhabituelle et nouvelle. Il ne s'agit plus de ralliement politique ou de changement de camp, il s'agit d'améliorer les chances de la France en faisant en sorte que tous les talents puissent travailler ensemble à ce qu'ils croient ponctuellement souhaitable.

Puis, faisant référence à son livre cité plus haut :

> Nous avons illustré ensemble un progrès possible de démocratie en France, vous en l'initiant moi en la pratiquant. Voici donc un travail d'homme libre qui ne touche ni à

> la polémique politique, ni moins encore à la propagande dogmatique. Je vous remets donc mon ouvrage en signe d'hommage à la pratique démocratique approfondie qu'il nous a été donné d'initier.

Faut-il qu'il soit accablé, mélancolique ou désespéré pour se prêter à un exercice épistolaire aussi ampoulé, alambiqué et tristement désuet, ou bien tente-t-il de surmonter ce désarroi en s'accrochant à la branche du salut ?

En attendant, une grande majorité de socialistes admiratifs ou indifférents ont oublié ou voulu oublier cette complicité, comme si la séquence pouvait l'éclabousser et avec lui la gauche. Pourtant Nicolas Sarkozy n'y est pas allé de main morte pour débaucher à gauche et permettre à des Jean-Pierre Jouyet ou Christian Blanc d'accepter quelques maroquins. Hypocrisie quand tu nous tiens.

En attendant Sarkozy s'est répandu du mieux qu'il le pouvait sur l'intelligence et le savoir-faire du Bonhomme. Mieux, il s'est même prévalu d'être dans la confidence quand un soir dans son bureau à l'Élysée l'ambassadeur des pôles qu'il était alors lui confia avoir fait une psychanalyse. Plus de vingt ans après l'avoir vu pour la dernière fois l'ancien chef de l'État n'en revient toujours pas. « Et vous savez, confie-t-il à l'auteur en 2022, ça allait plus loin. Sur le plan sentimental nous avions quelques points communs dans nos histoires personnelles, alors quand je lui parlais de Carla, il me parlait de Sylvie. D'ailleurs aux Invalides, quand il y eut la cérémonie pour ses obsèques en juillet 2016, sa femme m'a fait chercher alors que j'étais au milieu des socialistes debout face au cercueil. J'étais gêné. J'ai d'abord refusé mais elle a insisté. Alors je l'ai rejointe sous le regard interloqué du parterre socialiste. Sylvie voulait juste me dire qu'elle m'était sincèrement reconnaissante d'avoir fait confiance à Michel quand ses amis politiques l'avaient oublié. J'ai sincèrement eu de la peine quand il a eu son accident cérébral en Inde, et je le lui ai dit. Il m'a d'ailleurs écrit une longue lettre pour me remercier. »

Lorsqu'il va mal, Michel Rocard a l'habitude de donner le change. Quand l'âge se rappelle à son bon souvenir par exemple ; lorsqu'il fume son tabac brun comme un sapeur, ou parce qu'il trinque d'un verre de whisky plus souvent qu'à son tour. Comme le marin qu'il a été, il lui faut sans cesse trouver un souffle, un vent d'ouest qui par tous les temps soit capable de réveiller l'intellectuel qui en lui sommeille ; il lui faut penser haut et fort et soumettre de bonne grâce ses interlocuteurs à des *Blitzkriege* politiques que seuls des hypermnésiques sont capables de pratiquer ; faire par exemple une lumineuse leçon d'universalisme à Ariel Sharon, Premier ministre d'Israël, en lui adressant le 4 avril 2002 une lettre ouverte de six pages où il le traite de tous les noms pour avoir trahi son peuple : « Le meilleur moyen de gagner une guerre, disait Sun Zi, c'est de tout faire pour n'avoir pas à la livrer. Lisez-le avant de continuer le massacre ! » ; géopolitiser la France pour rappeler à ses concitoyens qu'elle n'est pas le centre du monde ; convoquer un oublié de l'histoire, Eduard Bernstein, pour signifier qu'il fut en 1900 le premier à avoir pensé la social-démocratie moderne ; tempêter à intervalles réguliers contre « ces Anglais qui feraient mieux de quitter l'Europe plutôt que de l'emmerder ». Son vœu sera exaucé cinq ans plus tard. Quelques heures seulement avant de fermer définitivement les yeux en ce funeste 2 juillet 2016, Michel Rocard esquissera un dernier sourire. Ce fut au moment même où Sylvie lui glissait à l'oreille que les partisans du Brexit avaient gagné.

Au crépuscule de sa vie, à l'heure où la mélancolie le ravageait, il n'en pouvait plus des marchands d'illusions, des populistes et des démagogues. Il trouvait ses interlocuteurs politiques « moins spéculatifs, moins généreux en idées ». Lui qui, jeune, fut si rebelle aux institutions se raccrochait maintenant à ses branches, aux rites de la République et aux pouvoirs qu'il respectait au plus haut point. C'était sa came. Leurs forces d'attraction continuaient de l'exciter, de l'honorer parfois. Il en souriait même, par malice ou par orgueil, on ne sait pas. Une certitude toutefois, le singe savant le plus sympathique de la Ve République grimaçait de plus en plus. Depuis que le monde avait basculé dans le IIIe millénaire, il savait trop son temps compté. Alors plutôt que de lever le pied, il fusillait du regard tous ceux qui l'invitaient à se reposer, juste pour les empêcher de lui faire des croche-pieds.

Il n'arrive pas à dételer. Le 9 octobre 2014, l'ancien Premier ministre adresse une supplique de cinq pages à Emmanuel Macron, récemment nommé ministre de l'Économie, de l'Industrie et du Numérique pour, en résumé, le tenir informé des tenants et aboutissants de la restructuration en cours de la dette. Son « protégé » Manuel Valls est alors Premier ministre, mais c'est à son jeune collègue inspecteur des finances, bientôt chef de l'État, que Rocard s'adresse. L'ancien député européen, toujours très en cour dans les arcanes du Parlement européen, fait état des conversations qu'il vient d'avoir « longuement et séparément » à Bruxelles avec les deux ténors de la Commission européenne, Jean-Claude Juncker et Herman Van Rompuy. Comme à son habitude, l'inspecteur général des finances honoraire ne se contente pas d'en faire état avec la précision technique et monétaire dont il est coutumier, mais donne des leçons d'économie à Macron. Certes il met les formes à l'endroit de celui qu'il considère encore comme un apprenant, mais c'est lui, Michel Rocard, le sachant. Mais un sachant qui n'oublie pas de lui rappeler au passage qu'il se met « à sa disposition ».

Cerise sur le gâteau, on apprend par la même occasion et dans la même missive que Michel Rocard préparait un roman sur François Hollande.

> Jean-Claude Juncker a lu mon esquisse et a très bien compris l'esprit qui m'a fait choisir cette forme de rédaction. Van Rompuy était plus réservé. Cela l'avait visiblement amusé de le lire, y compris le choix étrange de cette forme romanesque pour parler d'un homme d'accès difficile. Même s'il me donnait intellectuellement raison, il ne croit en rien à la faisabilité d'une chose pareille.

Emmanuel Macron a dû se gratter la tête ou fixer le plafond. À moins que l'audace rocardienne de se prendre pour un romancier ait rencontré celui qui au lycée s'y essaya.

Rocard, et c'est la surprise, mise sur le mari de Brigitte, « le seul qui peut porter mes idées, le seul qui peut faire avancer la social-démocratie ». Tout commence à l'orée du IIIe millénaire, quand le patron du *think tank* Terra Nova créé par feu Olivier Ferrand avait joué les entremetteurs au même titre que l'entrepreneur Henry Hermand, généreux donateur de la cause rocardienne. Le compagnonnage éclair du futur président de la République avec Paul Ricœur et la revue *Esprit* avait plu à celui qui fricotait plus jeune avec la théologie protestante. « Enfin des technocrates qui pensent politique ! » avait sans ambages confié Rocard à l'auteur au sujet d'Emmanuel Macron, dans son émission « À voix nue » réalisée pour France Culture en 2013. De son côté, le jeune ministre qu'il était devenu ne voyait que des avantages à récupérer l'héritage car tout le monde connaissait ses ambitions. Après tout il était secrétaire général adjoint de l'Élysée sous François Hollande et la fonction le dispensait bien de se justifier. Toujours est-il que Michel et Sylvie Rocard furent parmi les rares personnalités à être invitées au mariage de Brigitte et Emmanuel.

Mais le véritable adoubement a eu lieu le 9 octobre 2015, ce jour faste où Emmanuel Macron, invité à sa remise de la grand-croix de la Légion d'honneur par François Hollande, eut l'insigne honneur d'être le seul à bénéficier de deux accolades chaleureusement mises en scène devant un parterre conquis. François Hollande et surtout Manuel Valls ont compris ce jour-là que Rocard avait son héritier.

Il ne lui a pas fallu six mois pour comprendre qu'un Napoléon picard perçait sous Bonaparte et que, sitôt nommé ministre, l'ancien patron du PSU était oublié.

Perclus de douleurs morales et physiques à la veille de sa disparition, le titulaire de la grand-croix n'a pu s'empêcher une dernière fois de *parler vrai* en lâchant au *Point*, le 23 juin 2016, à propos de ces jeunes héritiers successifs arrivés au pouvoir sans passer par la case Histoire :

> Ils n'ont pas eu la chance de connaître le socialisme des origines. Jeune socialiste je suis allé chez les partis suédois, néerlandais et allemand pour voir comment ça marchait. Le pauvre Macron est ignorant de tout cela.

La conscience de porter une histoire collective a disparu, or elle était notre ciment. Macron comme Valls ont été formés dans un parti amputé. Ils sont loin de l'Histoire.

Une gifle en guise d'adieu.

Michel ROCARD
Ancien Premier Ministre.

Le 3 octobre 2014

Monsieur Emmanuel Macron
Ministre de l'Économie

Mon cher Emmanuel

Puisque le Président Hollande m'a fait directement confiance, il me semble que c'est à toi que je dois le compte rendu des deux conversations que je viens d'avoir à Bruxelles, sur sa demande, avec le Président Jean Claude Juncker, puis avec le Président Van Rompuy.

Avec Jean Claude Juncker ce fut un petit déjeuner à 9h du matin, mardi 2 octobre, ~~à l'hôtel~~ au Park Hotel où il réside toujours, sa résidence de Président de la Commission ne devant être prête qu'en mars ou avril. Il partait en Grèce juste après. Nous nous connaissons bien, nous tutoyons, depuis plus de 25 ans, mais je ne l'avais pas revu depuis une bonne dizaine d'années. J'ai été ravi de le revoir et il m'a semblé que lui aussi.

Je suis resté une heure et quart, ce fut une conversation forte. Il avait lu mon esquisse de « roman pour le Président » et a fort bien compris l'esprit qui m'a fait choisir cette forme de rédaction.

J'ai trouvé Jean Claude Juncker en forme, percutant, visiblement heureux d'avoir gagné cette compétition pour la Présidence de la Commission – pour lui c'était si je puis dire un troisième tour – mais n'en parlant pas. Pas un mot sur lui même : il est totalement centré sur les tâches à venir. La précision et la concision de ~~sa~~ sa parole font toujours merveille. Il a toujours la grande classe que je lui connaissais.

Il ne m'a pas dit qu'il avait déjà pensé à

« Je suis incapable de faire vibrer d'émotions des choses que je sais incertaines, douteuses ou irréalisables. »

Si la gauche savait, octobre 2005

Beaucoup de ses compatriotes, socialistes ou non, se désolent encore qu'un type de cette trempe n'ait pas préféré produire une vision du monde pour ses semblables plutôt que de se perdre à commenter ou rédiger, le plus souvent gracieusement, rapports et expertises en tout genre pour le compte de gouvernements de passage. Que pouvait en effet attendre d'autre Michel Rocard de ces démonstrations techniques de haute volée que l'ingratitude des uns et les diatribes des autres ? Avait-il conscience que son ingénieuse production administrative ne suffisait pas à pimenter son existence et accessoirement celle de ses affidés ? Comment imaginer alors faire perdurer le rocardisme sans Rocard ? En guise de réponse il bottait en touche ou filait la métaphore, comme le rappelle le criminologue Alain Bauer.

« Je suis comme le morceau de sucre qui fond dans un verre d'eau. À la fin c'est l'eau qui est sucrée. » Est-ce à dire qu'il ne désespère pas de sa postérité ? Au fond, tout Hamster érudit qu'il est, Rocard ne veut pas en savoir grand-chose. Comment lui en vouloir, on ne se refait pas quand on a crapahuté si haut pendant si longtemps ; quand la vie s'avère bien trop courte pour un éclaireur au long cours issu de nulle part et qui, comme Rimbaud à 17 ans, pensait pouvoir changer le monde.

Il aurait d'ailleurs très bien pu faire sien le sonnet du poète écrivant au même âge dans sa *Saison en enfer* :

Un soir j'ai assis la Beauté sur mes genoux.
Et je l'ai trouvée amère. Et je l'ai injuriée.

Quelques jours seulement avant sa mort, le 2 juillet 2016, son vieux compagnon Patrick Viveret laissa le micro ouvert pour laisser son ami s'exprimer sur les grandes lignes d'un nouveau livre qu'il voulait ensemble écrire. Rocard est épuisé. Quand il parle, c'est un collapsologue en puissance qui s'exprime, un homme qui n'imaginait pas porter un regard aussi sombre sur cette société qu'il a tant cherché à transformer. Extraits sonores inédits et retranscrits :

> La régression des comportements collectifs est telle que je ne vois plus d'espace pour la méthodologie de l'écoute à laquelle j'ai cru. Et moins encore pour l'imprégnation des complicités mondiales autour des règles de droit ou des règles d'écoute mutuelle permettant de régler les conflits. Les comportements personnels des dirigeants s'aggravent. Des malades mentaux de la puissance surgissent en Chine, en Turquie, en Russie. On peut continuer, mais je ne sais plus quoi faire, moi ! Je ne sais plus sur quel levier appuyer pour que ça bouge. Plus tu vas vers le noir et plus la question du tragique t'oblige à reprendre le flambeau là, celui d'un possible tête-à-queue de l'humanité. Le monde n'est plus capable de décision collective contraignante, même à la COP21. Je sens une course de vitesse entre des forces positives animées par le bien commun de l'humanité et les forces négatives de la haine, de la force et des armes et qui ont à leur service des outils médiatiques friands de

spectacles. Tout ce qui cogne et fait couler le sang amuse les médias. Dans mon dernier livre *Suicide de l'Occident, suicide de l'humanité ?*, j'avais réservé un chapitre à la grande saga des émergences subversives. Pourquoi ? Parce qu'elles sont révélatrices d'une envie de vivre autrement, positivement. [...] Dans cette pyramide de talents, de combats et d'enthousiasmes, j'ai été du côté des pires, des décisionnaires, des brutes, des souverainistes. C'était ça, mon métier. Mon emmerdement à moi maintenant c'est une inhibition à pérorer. Que faire devant des gens qui ne croient qu'à Internet et aux SMS pour s'exprimer ? Voilà mon état philosophique.

Dommage qu'il ne fût plus là pour regarder *Les Années Super 8* d'Annie Ernaux sorti en 2022. La femme de lettres de 82 ans avait laissé son mari aujourd'hui décédé capter l'air du temps des années 1970 et 1980 dans les entrelacs de sa vie familiale mi-bourgeoise, mi-aventureuse. Des images, pas de son. Juste une voix, la sienne, frêle et envoûtante, qu'elle déploie sur l'écran comme un livre.

En réalité l'écrivaine nous prend la main, passe en revue une époque, celle du pompidolisme, du giscardisme et du mitterrandisme, et nous dit en creux que nous avons failli ; que nous nous sommes laissé porter par des vents libérateurs, par l'exotisme supposé des vacances, que nous sommes peut-être passés à côté de l'essentiel. C'est sans nostalgie aucune. Puis, à la moitié du film, lorsque l'épisode du 10 mai 1981 est venu corroborer les intuitions du couple Ernaux sur « la mauvaise route » que la gauche était en train de prendre, elle dit juste quelque chose comme : « Nous étions pourtant de gauche, ouverts aux autres et au monde, mais je ne sais pas pourquoi, on a misé sur le mauvais cheval. Nous aurions préféré Rocard. C'était lui qu'il nous fallait pour grandir. »

Beaucoup plus tôt, dans un ouvrage publié en 1979 et intitulé *Michel Rocard ou l'art du possible*, la journaliste Kathleen Evin arrache de la bouche de son sujet un aveu qui en dit long sur les souffrances morales que l'ancien Premier ministre aura à supporter dans les dernières années de sa vie :

> Je ne suis pas tout à fait sûr d'être un homme politique. […] Il y a la dureté du jeu et des

aspects tactiques manœuvriers qui me laissent souvent mal à l'aise. Alors il m'arrive de me demander si vraiment je suis fait pour ce métier-là, alors que ce qui m'importe le plus c'est d'affirmer et de faire triompher des propositions, des idées, celle du socialisme en particulier.

C'était au lendemain du congrès de Metz, en cette ville maudite où l'Histoire s'est pour lui dérobée.

Au fond Michel Rocard est un hérétique que la politique a déçu et qui s'est rabattu sur l'État pour mener à bien son combat. Il découvre, à l'instar du cardinal de Retz, auteur au XVIIe siècle d'un prémonitoire *Bréviaire des révolutionnaires*, que « l'homme d'action est fatalement dépassé par l'imprévisible des circonstances et le zèle de ses subordonnés. Et il sait qu'il en sera tenu pour responsable ».

Reste que l'homme d'État a marqué son temps, ennobli la politique, fixé des principes, la morale en prime. En ces temps troublés où le principe même de la vérité est mis à mal, il n'est pas inutile de revisiter Michel Rocard, juste pour ressentir au plus près la fragilité d'un idéaliste face à son destin. Mais puisque deux ans avant sa mort l'Agnostique avait décidé d'aller « dormir en Corse », c'est-à-dire loin des tumultes du continent, c'est en Balagne qu'il délivre son dernier message, un vibrant message d'amour.

Nous sommes le 2 mars 2017 à Monticello, tout en haut du cimetière face à la mer où seules une vingtaine de personnes sont présentes devant la stèle dessinée par Soulages. Sylvie Rocard y serre l'urne contre elle. François Hollande la regarde, le maire du village Hyacinthe Mattei également, Jacques Dutronc est en retrait tandis que Francis Rocard, le fils aîné, lit le dernier message de son père. Il se conclut ainsi :

> À l'occasion, venez nous voir, me voir : il faut garder les liens. Peut-être entendrez-vous les grillons, sans doute écouterez-vous le silence… À coup sûr la majesté et la beauté de l'endroit vous saisiront. Quel autre message laisser que de vous y convier ?

C'est ce qui s'appelle prendre de la hauteur.

Michel Rocard
Ancien Premier Ministre

Juillet 2014

J'irai dormir en Corse

Le temps viendra bientôt, pour moi, comme pour tous, de quitter la compagnie des vivants.

Enfant de la guerre, préservé presque par hasard des souffrances les plus atroces qu'elle a pu engendrer, j'en ai côtoyé le risque d'assez près pour avoir ensuite voulu découvrir, observer, savoir, analyser, comprendre, visiter aussi les lieux d'horreur d'Alsace, d'Allemagne, de Pologne, plus tard d'Algérie ou du Rwanda.

Toute mon adolescence j'ai rêvé que ma trace soit porteuse de paix. Je ne pense pas avoir manqué à ce vœu. Certains le savent encore en Algérie, tous en Nouvelle-Calédonie, je fus un combattant de la paix. N'était la violence des hommes, la nature étant si belle, la vie aurait toutes chances d'être merveilleuse si nous savions y créer l'harmonie. Ce fut l'effort de mon parcours.

Reste un rêve un peu fou, encore un : que ma dernière décision, l'ultime signal, le choix du lieu où reposer, soit pour tous ceux qui m'ont aimé, ou même seulement respecté, une évidente, une vigoureuse confirmation.

De fait il ne devrait pas y avoir de problème, moins encore de décision à prendre : il existe au cimetière du Montparnasse à Paris un caveau "famille Rocard" depuis plus de cent cinquante ans. En tant de temps, cercueils et corps sont devenus poussière. Une réduction a pu être faite. Dorment là mon arrière grand-père, une brassée d'ancêtres collatéraux, mon grand-père, ma grand-mère, mon père. Il reste beaucoup de place.

Ma tribu est de petite bourgeoisie militaire provinciale. L'on y respectait tout : Dieu, l'Eglise, le carême et le droit d'aînesse. Si la richesse n'est pas là, le courage et le panache n'y manquent pas : un arrière grand-oncle Colonel suicidé sans doute après avoir refusé d'exécuter sous l'ordre d'une République honnie les inventaires des biens d'église, un grand-père pilote courageux qui fut un peu à l'aviation de bombardement ce que Guynemer fut à l'aviation de chasse, un animateur et un héros, dernier officier aviateur français abattu en vol en 1918, mon père, considérable savant et découvreur, résistant au courage insensé, et grand contributeur à la victoire dans la guerre secrète sans laquelle la victoire eut été bien incertaine dans la guerre classique.

On ne trahit pas une telle lignée, on se doit de l'honorer. Je crois, j'espère, avoir réussi à transmettre le sens de ce devoir à mes trois fils.

Et puis, tout protestant et socialiste que je suis -l'horreur pour la tribu- je suis l'aîné de la branche aînée. Imparable.

Mais pourquoi l'expression du respect n'aurait-elle pas le droit de changer de formes ?

8-10, rue Lamennais 75008 Paris France Tél. : 33 (0)1 47 05 25 00 michel@rocard.fr

La visite annuelle des cimetières est un rituel qui tombe lentement en désuétude. Il affiche l'archaïsme, aux limites du ridicule.

Et puis l'hygiène et l'écologie nous ont appris qu'il faut se faire incinérer. C'est sage, mais comment douter de ce que cela change quelque chose au rapport qu'il peut y avoir entre un visiteur et ce qu'il y a dans une tombe ? Aujourd'hui on rend plutôt visite aux disparus de manière plus intermittente, à la recherche d'un souvenir ou d'une rencontre d'idées.

Après tout le déroulement de la vie elle-même a son rôle à jouer dans ce choix final.

Chez les mâles Rocard le sentiment n'a pas de priorité, on en manque ou on le cache. Cela faisait même sourire, avec l'ombre d'une gêne, les filles du clan.

S'il y a ratage dans ma vie c'est dans l'ordre affectif. J'ai connu les couples en rupture.

Sylvie ma dernière épouse, m'a fait, le temps de ce qui nous restait de jeunesse, redécouvrir l'amour puis surtout rencontrer sérénité, tranquillité, confiance, le bonheur tout simplement, qu'elle réinventait avec moi puisqu'elle ne l'avait pas connu elle-même : une enfance sans amour et un mariage aussi.

A son père adoptif corse elle doit le sauvetage de son statut social, mais pas l'affection. Elle lui doit pourtant un lieu, celui de ses joies d'enfant, de ses premières et longues amitiés, de l'exubérance de la nature, de sa beauté et de ses odeurs, au fond le lieu de son seul vrai enracinement. C'est un village, Monticello en Balagne.

A ma lignée, Sylvie se sent étrangère. Elle a été si longtemps affectivement seule, qu'elle veut rentrer chez elle.

Alors, pour ma dernière décision, une nouvelle séparation ? … J'en ai trop connues et j'ai assez de fils et de petits-enfants pour que la tradition soit reprise.

Les hasards du parcours de la vie parlent, eux aussi, finalement.

Je n'ai pas une goutte de sang corse, et n'avait jamais mis les pieds dans l'île avant 1968. Le mois de Mai de cette année là avait échauffé les esprits. Je ressentis puissamment le besoin de rassembler pour une bonne semaine, la quarantaine la plus active d'étudiants et de cadres du PSU. La mutuelle étudiante rendit cela possible en Corse. "De la violence en politique et dans l'histoire, pourquoi ? Jusqu'où ?". Tous les jours exposés, découvertes de textes, réflexions, discussions…

Tous les soirs et le dimanche, pour moi, découverte de cette merveille du monde, la Corse, qu'habitaient deux bonnes centaines de militants du PSU… Paysans, historiens, chercheurs, animateurs du nationalisme non violent prirent à cœur d'être mes instructeurs. Je découvris la violence de l'histoire corse, ne l'oubliai plus, j'appris surtout à la connaître et à la respecter. J'en parlai beaucoup, j'écrivis même.

Mais je m'occupais d'autre chose, longtemps, d'Europe notamment sur la fin. Vint cette situation bizarre où la régionalisation des élections, européennes combinée avec les manœuvres internes au PS firent de moi la "tête de liste" socialiste pour les élections européennes de 2004 en Corse… J'avais déjà fait sur ma propre tête 22 campagnes électorales de toutes dimensions de la France entière à ma commune. La Corse m'honora de 28 %. C'est le record absolu de toute ma vie sur 35 ans. C'est aussi le record régional du PS à ces élections là. C'est enfin le record historique de la gauche sur l'île. Et puis Monticello : 37,2 %. Une adoption, que tout juste dix ans après, Mimi le patron des "Platanes" à Ile Rousse, confirme en me demandant d'ouvrir le nouveau livre d'or de ce lieu de palabre quasi centenaire.

L'occasion ne m'avait jamais été donnée de remercier. Ce sera fait.

A Monticello le cimetière est plein. Ne restait dans la partie la plus haute, au-delà des caveaux, qu'une micro parcelle trop petite pour une tombe, suffisante pour deux urnes, au ras de la falaise. Arbres et tombeaux, tout est dernière nous. Ne reste que le ciel, la côte, les villages, la mer, le port, l'île Rousse, son rocher, ses bateaux. L'un des plus beaux paysages du monde. Et puis, bien sûr, qui dit cimetière dit réconciliation…

Le grand Pierre Soulage s'est chargé de pourvoir à ce que les objets à placer là, une urne puis deux, un support, une plaque puis deux, magnifient la beauté du lieu plutôt que de la déparer.

A l'occasion, venez nous voir, me voir : il faut garder les liens. Peut-être entendrez-vous les grillons, sans doute écouterez vous le silence… A coup sûr la majesté et la beauté de l'endroit vous saisiront. Quel autre message laisser que de vous y convier ?

Michel ROCARD

ÉPILOGUE

« La politique, c'est un métier de sauvage. »

Entretien, mars 2001

En ce printemps 2000, je rencontrai Michel Rocard dans un café place de la République pour discuter d'un projet de documentaire et de livre. J'avais face à moi ce matin-là une sorte de Pic de la Mirandole de la politique : un député européen polyglotte élu quelques mois plus tôt, un entrepreneur tiers-mondiste bénévole venant de créer une société de capital-risque (Afrique initiatives) destinée à aider des micro-projets économiques dans la zone sahélienne. « C'est à mon vieil ami Jacques Bugnicourt que je dois de me passionner pour ce continent, de m'avoir en Algérie appris le courage physique et moral » ; un ancien Premier ministre heureux comme un pape de voir enfin sa loi 99-209 relative à la Nouvelle-Calédonie être promulguée au Journal officiel, onze ans après les accords de Matignon. « Deux cent trente-quatre articles pour garantir une paix durable ! Quelle patience il faut, mais bon, c'est fait » ; un essayiste prolifique aussi : Michel Rocard ne cesse désormais de publier, commenter, discourir. En mai de cette année-là, Lionel Jospin est alors Premier ministre de Jacques Chirac depuis trois ans, et c'est le moment où Michel Rocard décide de publier *Mes idées pour demain* chez Odile Jacob, un opus rassemblant dix-huit textes trapus sur la paix, la démocratie, le travail et l'écologie.

« Vous n'aviez donc pas encore tout dit, Michel ? » osai-je. Ma question l'avait un peu vexé car le titre de son ouvrage (il m'avait fait l'honneur de me confier la lecture des épreuves) suggérait au contraire qu'à 70 ans l'ancien Premier ministre « le plus populaire de la Ve République » était encore disponible pour son pays. C'est ce jour-là que j'appris de l'intéressé l'existence de son offre de service manuscrite au chef de gouvernement socialiste en fonction pour occuper le poste de ministre des Affaires étrangères (cf. reproduction de la lettre page 72). Rocard n'eut aucune réponse ni écrite, ni verbale de Jospin et en fut fort contrit. C'était en 1997, alors que la gauche plurielle prenait forme à la faveur d'une dissolution. Non seulement les troupes rocardiennes du courant C étaient parties avec armes et bagages dans l'aventure en laissant leur mentor sur le carreau, mais Rocard avait été quelque peu forcé par ses pairs de s'exiler au Parlement européen de Strasbourg. Pour se faire oublier certes, mais aussi dans le dessein d'expier ses penchants sociaux-démocrates au contact des durs à cuire des intergroupes socialistes européens ; de se refaire une santé politique aussi.

Mais seul il est, seul il se reconstruit. Seul il désespère aussi de refaire de la politique de manière vertueuse, c'est-à-dire moralement juste, passablement festive, nécessairement collective. C'est déjà un nostalgique des congrès fiévreux, des passes d'armes ciselées, des idées qui dépotent, mobilisent, anticipent. C'est son malheur.

Michel Rocard a adopté très jeune le point de vue d'Aristote en lisant à 15 ans *Les Politiques*, un ouvrage écrit au IVe siècle avant notre ère. Il le cite régulièrement en répétant que notre espèce n'est pas faite pour la transaction mais pour la vie en société, « laquelle disparaît ou s'attiédit quand la transaction remplace, dans l'essentiel des actes de la vie courante, toute relation ». Quand, quelques jours avant notre rencontre, l'ancien Premier ministre tombe sur un sondage confirmant que la solitude est « un problème social de premier rang pour les Français », il s'étonne aussitôt que ses compatriotes renoncent à trouver dans l'engagement collectif une partie de la solution. « Ça me dépasse ! » résume-t-il.

Son bonheur en revanche, c'est de vivre une authentique lune de miel avec Sylvie, avec laquelle il se mariera en troisièmes noces exactement deux ans plus tard.

Ce matin-là donc, c'eût pu être un jour *sans* comme on dit, un moment de pure occupation, une rencontre de plus avec un journaliste qu'il connaissait déjà mais avec lequel il n'avait jamais rien entrepris de particulier. Mais Michel Rocard, pourtant habitué à donner le change lorsque le ressentiment occupe trop la place, s'en donna à cœur joie de jouer les Cassandre. Décidément, ce XXIe siècle ne lui dit rien qui vaille. Alors il dégoise.

> Être un *has been* en temps de paix n'a rien de glorieux, dit-il. Il faut des décombres pour se révéler. Voyez Churchill. Mais on ne peut pas non plus passer son temps à espérer une époque

> qui n'est pas la sienne. La mienne, la nôtre, a cette caractéristique d'être à la fois excitée et excitante mais pathétiquement aveugle sur elle-même. Nous allons le payer très cher.

C'est l'expression ramassée d'un pessimisme exubérant qu'il n'aura de cesse de cultiver jusqu'à son dernier souffle. *Suicide de l'Occident, suicide de l'humanité ?* comme *La gauche n'a plus droit à l'erreur* (coécrit avec Pierre Larrouturou un an avant sa mort) sont autant des testaments politiques que la source d'inspiration des collapsologues en puissance et complotistes en tout genre qui vont bientôt occuper les plateaux de télévision et les réseaux sociaux. Lui qui déteste « la superficialité » de la sphère médiatique passe, au nom du parler-vrai, involontairement son temps à faire d'une pierre deux coups : donner du grain à moudre aux tenants d'un monde finissant et autant à des médias friands de caresser le catastrophisme dans le sens du poil. Dès les années 2000, à l'heure même où ses prédictions écologiques, économiques et sociales se révèlent de plus en plus justes, précises et plausibles, son crédit politique s'effrite, puis se délite et enfin se disloque. Aucun héritier adoubé pour récupérer la mise, si ce n'est deux prétendants à la succession de François Hollande en 2017, Manuel Valls et Emmanuel Macron.

Quinze jours avant de trépasser, le 2 juillet 2016, Michel Rocard les renie tous les deux publiquement. L'incarnation joyeuse et populaire de la social-démocratie à la française n'a ni légataire, ni héritier.

*

Douze ans après ce rendez-vous place de la République, lorsque je décide de lui consacrer une « À voix nue » de quatre heures sur France Culture, Michel Rocard me parle instantanément de cette préface qu'il a rédigée en 2010 pour le livre *Se distraire à en mourir* de son ami américain Neil Postman. Tout y est pour comprendre les racines de son malheur présent : « La langue française se délite et sa détérioration est corrélative à celle de la qualité de la civilisation. » En réalité, il est depuis un moment inquiet de la progression d'une sorte de « barbarie invisible », c'est son expression, alimentée par le divertissement télévisuel, l'hégémonie d'Internet et la montée en puissance des réseaux sociaux. Son avis est tranché et il le dit : « La langue s'appauvrit, perd en nuance et en saine complexité, et l'idée de l'effort nécessaire pour acquérir une culture ou un savoir-faire tend à disparaître. » Peut-on être plus clair sur la responsabilité définitive de l'école, des médias, des parents, des scientifiques et de ses pairs en politique ? Il en veut mordicus à la gauche d'être dans le déni sociétal. Et quand il prône l'universalisme contre l'identitarisme, le big bang socialiste contre l'immobilisme partisan, ou tout simplement d'empêcher Bruxelles d'accepter que les multinationales ne confisquent juridiquement la création des logiciels au nom de la liberté du savoir, c'est pour, en retour, continuer à se prendre des volées de bois vert de ses amis socialistes sûrs de leur fait. Il est fatigué de cette « résignation générale » et du « pathétique » manque de courage de la classe politique, toute la classe politique. En 2013, il est en train de rendre les armes.

*

Retour dans ce bar en ce premier printemps du nouveau siècle. Rocard pressent qu'il n'a plus rien à perdre à se jeter dans une bataille effrénée des causes perdues. Alors plutôt que de se croiser les bras, ce dont il est incapable, l'ancien leader du PSU soigne sa névrose à coups de fulgurances intellectuelles, charriant ici quelques expressions aguichantes laissant penser qu'il n'en a pas fini de vouloir changer le monde, là des « envies de meurtre » à l'endroit de ceux qui confondent intérêt général et intérêt personnel. Il voit des guerres et des conflits partout, de la corruption en chaîne pour en accélérer les dégâts, comme s'il constatait une sorte de déterminisme congénital des nations à les déclarer.

« Mais pourquoi la guerre serait-elle plus facile à entreprendre que la paix ? » lui demandé-je devant son insistance à répéter que « partout la violence des mots va de pair avec celle des armes ». Il me répond : « Parce que quand il y a conflit, on se met à haïr l'autre, et quand on le hait, on ne le comprend plus. »

Il cherche une cigarette qu'il s'apprête à aller fumer sur le trottoir, mais il la repose et lâche :

> La vie est trop courte pour ceux, et j'en suis, qui sont habités par la passion du vivant, c'est-à-dire de l'humanité. Je me découvre Sisyphe

plus encore aujourd'hui qu'hier. Son rocher, c'est mon drame.

C'est la première phrase que j'ai notée sur mon calepin, de peur de l'oublier pendant que je le voyais en terrasse tirer d'énormes bouffées de Gitanes.

De cette conversation sortira *Mémoire vivante*, une collection d'entretiens filmés pour la chaîne Histoire publiée chez Flammarion, avec pour l'inaugurer Mário Soares, Raymond Barre et lui.

« Qui va m'interroger, au fait ? me lance-t-il.

— J'ai pensé à Judith Waintraub du *Figaro*. Pas de réserve ?

— Non, aucune. »

Et l'affaire fut conclue.

Lorsque le livre sort, en mars 2001, il n'était déjà plus dans le même état d'esprit combatif. Il a fallu batailler pour qu'il aille sur les plateaux de télévision le faire connaître et en débattre. Je dus, presque de force, l'accompagner sur celui de « Tout le monde en parle » de Thierry Ardisson après que nous avons longuement papoté devant un verre de whisky. Il pressentait un piège et il avait raison. Cette fois-ci, c'était la télé qui allait se venger de lui.

Dans *Le Monde* du 6 avril 1985, il fustigeait déjà ces médias de « négliger la pensée pour ne s'intéresser qu'aux arrière-pensées ». Les journalistes en vogue d'alors faisaient le dos rond, persuadés de n'être pas concernés. En mars 2001, sur le plateau télé, il venait seulement d'être rattrapé par la patrouille et, en direct, de constater à son détriment que ce monde-là n'était plus le sien.

REMERCIEMENTS

Remerciements particuliers à Sylvie Rocard pour m'avoir permis d'accéder aux archives personnelles de son mari.

#lisez engagé !
www.lisez.com
Pour plus d'information :
Imprimé sur du papier issu de forêts gérées durablement.

Achevé d'imprimer par
Normandie Roto Impression s.a.s. à Lonrai
N° d'impression : 2301350

Imprimé en France